Berlitz®

Arabic

phrase book & dictionary

D1289835

Berlitz Publishing

AURORA PUBLIC LIBRARY

No part of this book may be reproduced, stored in a retrieval system, or transmitted in any form or means electronic, mechanical, photocopying, recording, or otherwise, without prior written permission from APA Publications.

Contacting the Editors
Every effort has been made to provide accurate information in this publication, but changes are inevitable. The publisher cannot be responsible for any resulting loss, inconvenience or injury. We would appreciate it if readers would call our attention to any errors or outdated information. We also welcome your suggestions; if you come across a relevant expression not in our phrase book, please contact us at: **comments@berlitzpublishing.com**

All Rights Reserved
© 2018 Apa Digital (CH) AG and Apa Publications (UK) Ltd.
Berlitz Trademark Reg. U.S. Patent Office and other countries. Marca Registrada. Used under license from Berlitz Investment Corporation.

Twelfth Printing: March 2018
Printed in China
Editor: Helen Fanthorpe
Translation: updated by Wordbank
Cover Design: Rebeka Davies
Interior Design: Beverley Speight
Picture Researcher: Tom Smyth
Cover Photos: all images iStock and Shutterstock
Interior Photos: APA Kevin Cummins p.1,

112, 127, 132, 140; APA Yadid Levy p.12, 59, 67, 70, 71, 73, 75, 76, 85, 108; APA Britta Jaschinski p.16; istockphoto p.14, 21, 25, 27, 28, 35, 36, 39, 45, 46, 54, 64, 72, 74, 79, 81, 83, 87, 88, 91, 94, 102, 121, 131, 133, 139, 147, 148, 151, 154, 159; APA Bev Speight p.49, 174; APA Gregory Wrona p.31; APA D.Nowitz p.56, 93; APA Chris Bradley p.68, 69, 77, 98, 110, 111, 113, 115, 117, 119, 123, 125, 136; APA A.Nowitz p.97.

Distribution

UK, Ireland and Europe
Apa Publications (UK) Ltd
sales@insightguides.com
United States and Canada
Ingram Publisher Services
ips@ingramcontent.com
Australia and New Zealand
Woodslane
info@woodslane.com.au
Southeast Asia
Apa Publications (SN) Pte
singaporeoffice@insightguides.com

Worldwide
Apa Publications (UK) Ltd
sales@insightguides.com

Special Sales, Content Licensing, and CoPublishing
Discounts available for bulk quantities. We can create special editions, personalized jackets, and corporate imprints. sales@insightguides.com; www.insightguides.biz

Contents

Food & Drink

People

Leisure Time

Special Requirements

In an Emergency

Dictionary

Pronunciation

This section is designed to make you familiar with the sounds of Arabic using our simplified phonetic transcription. You'll find the pronunciation of the Arabic letters and sounds explained below, together with their approximate equivalents. This system is used throughout the phrase book; simply read the transliteration as if it were English, noting any special rules below. For some loan words, such as "internet", where the pronunciation does not really change in Arabic, we have left them as they would normally be read in English. The Arabic used in this book (unless indicated otherwise) is known as Modern Standard Arabic. It is used in the Arab media and will be understood in all Arabic-speaking countries.

أ in combination with ل forms the definite article "the" in Arabic (ال). See page 164.

You will also see some "doubling" of consonants. This is shown by repeating a letter twice, for example **dd**, and reflects the importance of the fact that doubled letters in Arabic MUST be pronounced twice, as two individual letters.

Arabic is written right to left (except for numbers). Most Arabic letters change their form slightly depending on whether they are at the beginning, in the middle or at the end of a word. The Arabic letters in the chart above are shown in their basic stand-alone position.

Arabic is a gender-specific language; nouns are masculine or feminine (feminine nouns can usually be identified by this ending: ة. Verb forms change based on whether the person spoken to is male or female. For simplicity, only forms used to address a man have been included, except where indicated. For more on the feminine, see Adjectives on page 166.

Please note that spoken Arabic varies from country to country, as does its pronunciation.

Consonants

Letter	Approx. Pronunciation	Symbol	Example	Pronunciation
أ	**a** as in apple	**a**	أنا	*ana*
ب	**b** as in boat	**b**	بنت	*bint*
ت	**t** as in tin	**t**	تكييف	*takyeef*
ث	**th** as in thin	**th**	ثلاجة	*thallaaja*
ج	**j** as in jam	**j**	جميل	*jameel*
ح	strong, breathy **h** from the back of throat	**H**	صحون	*SuHoon*
خ	**h** from back of throat as in Scottish loch	**kh**	خدمة	*khidma*
د	**d** as in **d**ad	**d**	درج	*daraj*
ذ	soft **th** as in **the**	**dh**	هذا	*haadha*
ر	**r** as in riddle (trilled)	**r**	رجل	*rajul*
ز	**z** as in zebra	**z**	زيت	*zayt*
س	**s** as in sun	**s**	سلام	*salaam*
ش	**sh** as in shut	**sh**	شمس	*shams*
ص	strong, emphatic **s**	**S**	صباح	*SabaaH*
ض	strong, emphatic **d**	**D**	اضافي	*iDaafee*
ط	strong, emphatic **t**	**T**	بطاقة	*biTaaqa*
ظ	strong, emphatic **z**	**Z**	انتظار	*intiZaar*
ع	almost a glottal stop	**'**	عندي	*'andee*

*e.g. the **a** in a strongly pronounced **apple**, but with constriction at back of throat; shows a sharp start to a word or syllable*

| غ | a softer form of **kh**, as in **gh** loch, as if gently gargling at back of throat | | غرفة | *ghurfa* |

ف	f like in fan	f	فرن	furn
ق	q pronounced from back of throat	q	قريب	qareeb
ك	k as in kite	k	كيف	kayf
ل	l as in lip	l	لماذا	limaadha
م	m as in man	m	ممسحة	mimsaHa
ن	n as in noun	n	نور	noor
ه	h as in hat	h	هنا	huna
و	w as in win	w	وسط	wasT
ي	y as in yet	y	يمين	yameen
ء	a pause, as in English slang when dropping the tt from words like letter or better; reflects a glottal stop in the middle of a word or a sharp start to a word or syllable	'	تدفئة	tadfi'a

Short Vowels

Letter	Approx. Pronunciation	Example	Symbol	Pronunciation
´	a as in bat	a	لَمبَة	lamba
ُ	u as in put	u	كُل	kul
ِ	i as in bit	i	بِنت	bint

Long Vowels

Letter	Approx. Pronunciation	Example	Symbol	Pronunciation
آ	a as in dark (but a more nasal sound)	aa	هنآك	hunaak
وُ	oo as in boot	oo	فطوُر	fuToor
ىِ	ee as in tree	ee	تكيِيف	takyeef
و	aw as in owl	aw	يوُم	yawm
ىَ	ay as in say	ay	إثنَين	ithnayn

How to use this Book

> Sometimes you see two alternatives separated by a slash. Choose the one that's right for your situation.

ESSENTIAL

I'm on vacation/
business.

أنا في إجازة/في رحلة عمل.
ana fee ejaaza/fee riHlat 'amal

I'm going to...

أنا ذاهب/ذاهبة إلى...
*ana dhaahib **m**/ dhaahiba **f** ila...*

I'm staying at
the...Hotel.

أنا نازل/نازلة في فندق...
*ana naazil **m**/ naazila **f** fee funduq...*

> Words you may see are shown in YOU MAY SEE boxes.

YOU MAY SEE...

الجمرك	customs
بضائع معفية من الضرائب	duty-free goods
بضائع للإعلان عنها	goods to declare

> Any of the words or phrases listed can be plugged into the sentence below.

Tickets

A...ticket.

تذكرة...*tadhkara...*

one-way

ذهاب *dhahaab*

round-trip [return]

ذهاب وعودة *dhahaab wa-'awda*

first class

درجة أولى *darajat oolaa*

economy class

درجة سياحية *daraja seeyaHeeya*

Arabic phrases appear in purple.

Read the simplified pronunciation as if it were English. For more on pronunciation, see page 7.

Getting Intimate

Stop!	توقف! *tawaqqaf*
I like you.	أنا معجبة بك *ana mu'ajaba* **f** *bik* **m**
	أنا معجب بك *ana mu'ajab* **m** *biki* **f**
I love you.	أنا أحبك *ana uHibbuka* **f**
	أنا أحبك *ana uHibbuki* **m**

For Asking Directions, see page 33.

When different gender forms apply, the masculine form is followed by **m**; the feminine by **f**.

Related phrases can be found by going to the page number indicated.

Arabic has five words for you: أنتَ (*anta*, to address one male); أنتِ (*anti*, to address one female); أنتم (*antum*, to address more than two males or a mixture of more than two males and females); أنتن (*antunna*, to address more than two females only); and أنتما (*antumaa*, to address two people, male and/or female).

Information boxes contain relevant country, culture and language tips.

Expressions you may hear are shown in You May Hear boxes.

YOU MAY HEAR...

أنا لا أتكلم إنكليزي جيداً.
ana la atakallam ingleezee jayyidan

I only speak a little English.

Color-coded side bars identify each section of the book.

Survival

Arrival & Departure

ESSENTIAL

I'm here on vacation
[holiday]/business.
أنا في إجازة/في رحلة عمل.
ana fee ejaaza/fee riHlat 'aamal

I'm going to…
...أنا ذاهب/ذاهبة إلى *ana dhaahib m/dhaahiba f ila*…

I'm staying at
the…Hotel.
...أنا نازل/نازلة في فندق
ana naazil m/ naazila f fee funduq…

YOU MAY HEAR…

جواز سفرك من فضلك.
jawaaz safrak min faDlak

Your passport, please.

ما الغرض من زيارتك؟
ma al-ghard min ziyaaratak

What's the purpose of
your visit?

أين ستنزل؟ *ayn sa-tanzil*

Where are you staying?

كم ستستغرق زيارتك؟
kam sa'tastaghriq ziyaaratak

How long are you
staying?

من يرافقك؟ *man yuraafiqak*

Who are you with?

Border Control

I'm just passing
through.
أنا هنا في مرور.
ana huna fee muroor

I'd like to declare.
...أريد الإعلان عن *ureed al-i'laan 'an*…

I have nothing
to declare.
ليس عندي أي شيء للإعلان عنه.
laysa 'aandee ay shay lil-i'laan 'anhu

Gates 1-6 ⌄
Duty Free ⌄
Smoking Room ⌄
Clinic ⌄

بوابات ١-٦ ⌄
السوق الحرة ⌄
غرفة التدخين ⌄
لعيادة ⌄

YOU MAY HEAR...

هل عندك أي شيء للإعلان عنه؟
hal 'andak ay shay lil-i'laan 'anhu

Anything to declare?

يجب دفع رسوم على هذا.
yajib dafa' rusoom 'ala haadha

You must pay duty.

افتح هذه الحقيبة.
iftaH hadhihi il-Haqeeba

Open this bag.

YOU MAY SEE...

الجمرك	customs
بضائع معفية من الضرائب	duty-free goods
بضائع للإعلان عنها	goods to declare
لا شيء للإعلان عنه	nothing to declare
مراقبة جوازات السفر	passport control
الشرطة	police

Money

ESSENTIAL

Where's...?	أين...؟ *ayna...*
the ATM	الصراف الآلي *aS-Saraaf al-aalee*
the bank	البنك *al-bank*
the currency exchange office	مكتب تبديل العملات *maktab tabdeel al-'umlaat*
What time does the bank open/close?	متى يفتح/يغلق البنك؟ *mata yaftaH/yaghliq al-bank*
I'd like to change some dollars/pounds into...	أريد تبديل دولارات/جنيهات إسترلينية إلى... *ureed tabdeel doolaaraat/jinayhaat istarleeneeyat ila...*
I want to cash some traveler's checks [cheques]	أريد أن أصرف شيكات سياحية. *ureed an aSrif sheekaat seeyaHeeya*

At the Bank

I'd like to change money/get a cash advance.	أريد تبديل عملة/الحصول على دفعة مسبقة. *ureed tabdeel 'umla/al-HuSool 'ala daf'a musabbaqa*
What's the exchange rate/fee?	ما هو سعر/رسم الصرف؟ *ma huwa si'r/rasm aS-Sarf*
I think there's a mistake.	أعتقد أن هناك خطأ. *a'ataqid an hunaak khaTa'*
I lost my traveler's cheques.	فقدت شيكاتي السياحية. *faqadtu sheekaatee as-seeyaaHeeya*
My card...	بطاقتي... *biTaaqatee...*
was lost	ضاعت *Daa'at*

was stolen	سرقت
	suriqat
doesn't work	لا تعمل
	la ta'mal
The ATM ate my card.	الصراف الآلي سحب بطاقتي.
	aS-Saraaf al-aalee saHab biTaaqatee

For Numbers, see page 167.

YOU MAY SEE...

أدخل بطاقتك هنا	insert card here
إلغاء	cancel
تراجع	clear
أدخل	enter
الرقم السري	PIN
سحب	withdraw
من الحساب الجاري	from checking [current] account
من حساب المدخرات	from savings account
إيصال	receipt

At some banks, cash can be obtained from ATMs with Visa™, Eurocard™, American Express® and many other international cards. Instructions are often given in English. Banks with a Change sign will exchange foreign currency. You can also change money at travel agencies and hotels, but the rate will not be as good. Remember to bring your passport when you want to change money.

YOU MAY SEE...

Different countries have different currencies. Note that although some countries may have the same name for their currencies, they cannot be used in both places. For example, the Saudi riyal will not be accepted in Qatar. U.S. dollars are always a handy currency to carry and can be easily exchanged.

Dinar *deenaar*	Algeria, Bahrain, Iraq, Jordan, Libya, Kuwait, Tunisia
Pound *ginay*	Egypt, Sudan
Pound *leera*	Lebanon, Syria
Dirham *dirham*	Morocco, United Arab Emirates
Riyal *reeyaal*	Oman, Qatar, Saudi Arabia, Yemen
Shekel *shekel*	Israel/Palestine

Getting Around

ESSENTIAL

How do I get to town?	كيف أصل إلى المدينة؟ *kayf aSil ila al-madeena*
Where's...?	أين...؟ *ayna...*
the airport	المطار *al-maTaar*
the train station	محطة القطار *maHaTTat al-qiTaar*
the bus station	محطة الباص *maHaTTat al-baaS*
the subway station [underground]	محطة مترو الأنفاق *maHaTTat metro al-anfaaq*
How far is it?	كم هي بعيدة؟ *kam hiya ba'eeda*
Where do I buy a ticket?	أين أشتري تذكرة؟ *ayn ashtaree tadhkara*
A one-way/ return-trip ticket to...	تذكرة ذهاب/ذهاب وعودة إلى... *tadhkara dhahaab/dhahaab wa-'awdat ila...*
How much?	بكم؟ *bi-kam*
Which...?	أي...؟ *ay...*
gate	بوابة *bawaaba*
line	خط *khaT*
platform	رصيف *raSeef*
Where can I get a taxi?	أين آخذ تاكسي؟ *ayn akhudh taaksee*
Take me to this address.	أوصلني إلى هذا العنوان. *awSilnee ila haadha al-'unwaan*
Can I have a map?	ممكن خريطة؟ *mumkin khareeTa*

Tickets

When's...to...?	متى... إلى...؟ *mata...ila...*
(first) bus	(أول) باص *(awal) baaS*
(next) flight	الرحلة الجوية (التالية) *ar-riHlat al-jaweeya (at-taaleeya)*
(last) train	القطار (الأخير) *al-qiTaar (al-akheer)*
Where do I buy a ticket?	أين أشتري تذكرة؟ *ayn ashtaree tadhkara*
One/two ticket(s), please.	تذكرة/تذكرتين، من فضلك. *tadhkara/tadhkaratayn min faDlak*
For...	لـ... *li...*
today	اليوم *al-yawm*
tonight	الليلة *al-layla*
tomorrow	الغد *al-ghad*
A...ticket.	تذكرة... *tadhkara...*
one-way	ذهاب *dhahaab*
round-trip [return]	ذهاب وعودة *dhahaab wa-'awda*
first class	درجة أولى *darajat oolaa*
business class	درجة الأعمال *darajat al-a'maal*
economy class	درجة سياحية *daraja seeyaHeeya*
How much?	بكم؟ *bi-kam*
Is there a discount for...?	هل هناك تخفيض من أجل...؟ *hal hunaak takhfeeD min ajl...*
children	الأطفال *al-aTfaal*
students	الطلاب *aT-Tulaab*
senior citizens	كبار السن *kibaar as-sinn*
tourists	السياح *as-seeyaaH*
The express bus/ express train, please.	الباص السريع/القطار السريع، من فضلك. *al-baaS as-saree'/al-qiTaar as-saree' min faDlak*
The local bus/ train, please.	الباص/القطار المحلي، من فضلك. *al-baaS/al-qiTaar al-mahalee min faDlak*

I have an e-ticket.	عندي تذكرة الكترونية.
	'andee tadhkarat iliktrooneeya
Can I buy...	هل يمكنني أن أشتري...
	hal yumkinanee an ashtaree...
a ticket on the bus/train ?	تذكرة على الباص/القطار؟
	tadhkara 'ala al-baaS/al-qiTaar
the ticket before boarding?	التذكرة قبل الصعود؟
	at-tadhkara qabl aS-Su'ood
Do I have to stamp the ticket before boarding?	هل علي أن أختم التذكرة قبل الركوب؟
	hal 'alay an akhtum at-tadhkara qabla ar-rukoob
How long is this ticket valid?	ما مدة صلاحية هذه التذكرة؟
	ma muddat salaaHeeya hadhihi it-tadhkara
Can I return on the same ticket?	ممكن أن أعود على نفس التذكرة؟
	mumkin an a'ood 'ala nafs at-tadhkara
I'd like to...my reservation.	أريد أن...حجزي.
	ureed an...Hajzee
cancel	ألغي
	alghee
change	أغيّر
	ughayir
confirm	أؤكد
	u'akid

For Time, see page 169.

Plane

Airport Transfer

How much is a taxi to the airport?	بكم التاكسي إلى المطار؟
	bi-kam at-taaksee ila al-maTaar
To...Airport, please.	إلى مطار...، من فضلك.
	ila maTaar... min faDlak
My airline is...	رحلتي على خطوط...
	riHlatee 'ala khuTooT...
My flight leaves at...	رحلتي تقلع الساعة...
	riHlatee tuqla' as-saa'a...
I'm in a rush.	أنا مستعجل/أنا مستعجلة
	ana musta'jil m/ ana musta'jila/f
Can you take an alternate route?	ممكن تأخذ طريق آخر؟
	mumkin ta'khudh Tareeq aakhir
Can you drive faster/slower?	ممكن تقود السيارة بسرعة أكبر/بتمهل أكثر؟
	mumkin taqood as-sayaara bi-sur'a akbar/bi-tamahul akthar

YOU MAY HEAR...

ما هي الخطوط التي تسافر عليها؟
ma hiya al-khuTooT alatee tusaafir 'alayhaa
محلية أو دولية؟ *maHaleeyat aw doowaleeya*
أي صالة؟ *ay Saala*

What airline
are you flying?
Domestic or International?
What terminal?

YOU MAY SEE...

الوصول	arrivals
المغادرة	departures
استلام الحقائب	baggage claim
الأمن	security
الرحلات الداخلية	domestic flights
الرحلات الدولية	international flights
إجراءات السفر	check-in desk
إجراءات السفر للتذاكر الالكترونية	e-ticket check-in
بوابات السفر	departure gates

Checking In

Where's check-in?	أين كاونتر إجراءات السفر؟	*ayn kawnter ijra'aat as-safar*
My name is…	اسمي…	*ismee…*
I'm going to…	أنا ذاهب إلى…	*ana dhaahib ila…*
I have…	معي…	*ma'ee…*
one suitcase	حقيبة واحدة	*Haqeeba waaHida*
two suitcases	حقيبتان	*Haqeebataan*
one carry-on [piece of hand luggage]	حقيبة يد واحدة	*Haqeeba yad waaHida*
How much luggage is allowed?	كم من الأمتعة مسموح به؟	*kam min al-amti'a masmooH bih*
Is that pounds or kilos?	هل هذا بالرطل أو بالكيلو؟	*hal haadha bir-ruTul aw bil-kilo*
Which terminal/gate?	أي صالة/بوابة؟	*ay Saala/bawaaba*
I'd like a window/an aisle seat.	أريد مقعد على النافذة/الممشى.	*ureed maq'ad 'ala al-naafidha/al-mamshaa*
When do we leave/arrive?	متى نغادر/نصل؟	*mata nughaadir/naSil*
Is the flight delayed?	هل الرحلة متأخرة؟	*hal ar-riHla muta'akhira*
How late?	كم متأخرة؟	*kam muta'akhira*

Luggage

Where is/are…?	أين…؟	*ayn…*
the luggage trolleys	عربات الأمتعة	*'arabaat al-amti'a*
the luggage lockers	خزائن الأمتعة	*jazaa'in al-amti'a*
the baggage claim	استلام الأمتعة	*istilaam al-amti'a*
My luggage has been lost/stolen.	تعرضت أمتعتي للسرقة/للضياع.	*ta'araDat amta'tee lis-sirqa/liD-Deeyaa'*
My suitcase is damaged.	تعرضت حقيبتي للتلف.	*ta'araDat Haqeebatee li-tilf*

YOU MAY HEAR...

من التالي! *man at-taalee*

Next!

جواز سفرك/تذكرتك، من فضلك.
jawaaz safrak/tadhkaratak min faDlak

Your ticket/passport, please.

هل ستودع أي أمتعة؟
hal sa-tuwadi' ay amti'a

Are you checking any luggage?

هذا أكبر من حجم حقيبة اليد المسموح به
haadha akbar min Hajm Haqeebat al-yad al-masmooH bih

That's too large for a carry-on [piece of hand luggage].

هل عبأت الحقائب بنفسك؟
hal 'aba'aat al-Haqaa'ib bi-nafsak

Did you pack these bags yourself?

أفرغ جيوبك. *afragh juyoobak*

Empty your pockets.

إخلع حذائك. *ikhla' Hadhaa'ik*

Take off your shoes.

...بدأ الآن صعود الركاب إلى الطائرة
bada' al-aan Su'ood ar-rukaab ila aT-Taa'ira....

Now boarding...

Finding your Way

Where is/are...?	أين...؟ *ayn...*
the currency exchange	تبديل العملات *tabdeel al-'umlaat*
the car rental [hire]	تأجير السيارات *ta'jeer as-sayaaraat*
the exit	المخرج *al-makhraj*
the taxis	التاكسيات *at-taaksiyaat*
Is there...into town?	هل هناك...إلى المدينة؟ *hal hunaak...ila al-madeena*
a bus	باص *baaS*
a train	القطار *qiTaar*
a subway [underground]	مترو الأنفاق *metro al-anfaaq*

For Asking Directions, see page 33.

Train

Where's the train [railway] station?	أين محطة القطار؟ *ayn maHatat al-qiTaar*
How far is it?	كم هي بعيدة؟ *kam hiya ba'eeda*
Where is/are...?	أين...؟ *ayn...*
the ticket office	مكتب التذاكر *maktab at-tadhaakir*
the information desk	الاستعلامات *al-ista'laamaat*
the luggage lockers	خزائن الأمتعة *khazaa'in al-amti'a*
the platforms	الأرصفة *al-arSifa*
Can I have a schedule [timetable]?	هل يمكنني أن أحصل على جدول زمني؟ *hal yumkinanee an iHSal 'ala judool zamanee*
How long is the trip?	ما طول رحلة؟ *ma Tool riHla*
Is it a direct train?	هل هذا القطار مباشر؟ *hal haadha al-qiTaar mubaashir*
Do I have to change trains?	هل عليّ أن أغير القطارات؟ *hal 'alayya an ughayyir al-qiTaaraat*
Is the train on time?	هل يصل القطار في موعده؟ *hal yuSil al-qiTaar fee maw'ida*

For Tickets, see page 19.

YOU MAY SEE...

أرصفة	platforms
معلومات	information
حجوزات	reservations
غرفة انتظار	waiting room
قدوم	arrivals
مغادرة	departures

There are virtually no international Middle Eastern train services in operation, a notable exception being the Amman to Damascus route (part of the famous Ottoman Hijaaz train line). In some tourist areas, there are services running between cities, such as the Cairo to Luxor overnight service.

Departures

Which track [platform] to...?	أي خط إلى...؟
	ay khaT ila...
Is this the track [platform]/train to...?	هل هذا الخط/القطار إلى
	hal haadha al-khaT/al-qiTaar ila...
Where is track [platform]...?	أين خط...؟
	ayn khaT...
Where do I change for...?	أين أغيـر إلى...؟
	ayn ughayir ila...

On Board

Can I sit here/open the window?	ممكن أجلس هنا/أفتح النافذة؟
	mumkin ajlis huna/aftah an-naafidha
That's my seat.	ذلك مقعدي. *dhaalik maq'adee*
Here's my reservation.	ها هو حجزي. *haa huwa Hajzee*

YOU MAY HEAR...

التذاكر، من فضلك.
at-tadhaakir min faDlak

Tickets, please.

عليك أن تقوم بالتغيير في...
'alayka an taqoom bit-tughyeer fee...

You have to change at...

المحطة القادمة...
al-maHaTat al-qaadima ...

Next stop...

Bus

Where's the bus station?	أين محطة الباص؟	*ayn maHatat al-baaS*
How far is it?	كم هي بعيدة؟	*kam hiya ba'eeda*
How do I get to...?	كيف أصل إلى...؟	*kayf aSil ila...*
Is this the bus to...?	هل يذهب هذا الباص إلى...؟ *hal yadh-hab haadha al-baaS ila...*	
Can you tell me when to get off?	ممكن تقول لي متى أنزل؟ *mumkin taqool lee mata anzil*	
Do I have to change buses?	هل عليّ تبديل الباص؟ *hal 'alay tabdeel al-baaS*	
Stop here, please!	قف هنا، من فضلك! *qif huna min faDlak*	

For Tickets, see page 19.

YOU MAY SEE...

محطة باص	bus stop
طلب التوقف	request stop
مدخل/مخرج	enterance/exit
أختم تذكرتك	stamp your ticket

Long-distance buses are a popular and cheap means of transportation, although services can be crowded. For travel within the country you are in, you can make all reservations at the station. For travel between countries, it is adviseable to book through a travel agency.

Metro

Where's the metro [underground] station?	أين محطة مترو الأنفاق؟ *ayn maHaTat metro al-anfaaq*
A map, please.	خريطة، من فضلك. *khareeTa min faDlak*
Which line for...?	أي خط إلى...؟ *ay khaT ila...*
Which direction?	أي اتجاه؟ *ay itijaah*
Do I have to transfer [change]?	هل علي أن أغيّر؟ *hal 'alay an ughayir*
Is this the metro [train]	هل يذهب هذا القطار إلى...؟ *hal yadh-hab haadha al-qiTaar ila...*
How many stops to...?	كم محطة إلى...؟ *kam maHaTTa ila...*
Where are we?	أين نحن؟ *ayn naHnu*

For Tickets, see page 19.

Boat & Ferry

When is the ferry to...?	متى العبّارة إلى...؟ *mata al-'ibbaara ila...*
Can I take my car?	هل يمكنني أن أذهب بسيارتي؟ *hal yumkinanee an adh-hab bi-seeyaaratee*
What time is the next sailing?	متى يحين موعد الرحلة البحرية القادمة؟ *mata yuHeen maw'id ar-riHlat al-baHreeyat al-qaadima*
Can I book a seat /cabin?	هل يمكنني أن أحجز مقعداً/كابينة؟ *hal yumkinanee an aHjaz maq'adan/kaabeena*
How long is the crossing?	ما طول رحلة العبور؟ *ma Tool riHlat al-'uboor*

For Tickets, see page 19.

YOU MAY SEE...

قارب النجاة	life boats
سترة النجاة	life jackets

Another popular means of long-distance travel is the سرفيس *servees*, shared taxi or microbus, which is the middle ground between long-distance buses and private taxis. These run between towns from known starting points and usually seat seven to ten people paying a fixed fare. Each *servees* will wait until it is full and then depart. If the wait is very long, it is possible for the existing passengers to agree to share the cost of the empty seats. Buses and trams are a cheap way to travel around cities. Be warned - you might find the bus number in English, but the destination is often written in Arabic.

Taxi

Where can I get a taxi?	أين ممكن أن أجد تاكسي؟
	ayn mumkin an ajid taaksee
Can you send a taxi?	هل يمكنك أن ترسل سيارة أجرة؟
	hal yumkinak an tursil seeyaarat ajra
Do you have the number for a taxi?	هل عندك رقم تاكسي؟
	hal 'andak raqm taaksee
I'd like a taxi...	أريد تاكسي *ureed taaksee*
now	الآن *al-aan*
in an hour	بعد ساعة *ba'ad saa'a*
for tomorrow at...	للغد الساعة... *lil-ghad as-saa'a...*
Pick me up at...	تعال لتأخذني الساعة...
	ta'aal li-ta'akhudhnee as-saa'a...
I'm going to...	أنا ذاهب إلى... *ana dhaahib ila...*
this address	هذا العنوان *haadha al-'unwaan*
the airport	المطار *al-maTaar*
the train [railway]	محطة القطار *maHaTat al-qiTaar*
I'm late.	أنا متأخر. *ana muta'akhir*

Can you drive faster/ slower?	ممكن تسوق بسرعة أكبر/بتمهل أكثر؟ *mumkin tasooq bi-sur'a akbar/bi-tamahul akthar*
Stop/Wait here.	قف/انتظر هنا. *qif/intaZar huna*
How much?	بكم؟ *bi-kam*
You said it would cost...	أنت قلت أنها ستكلف... *anta qulta inaha sa-tukalif...*
Keep the change.	الباقي لك. *al-baaqee lak*

YOU MAY HEAR...

إلى أين؟ *ila ayn* — Where to?

ما هو العنوان؟ *ma huwa al-'unwaan* — What's the address?

هناك أجرة إضافية للفترة الليلية/للمطار. *hunaak ujrat iDaafeeya lil-fitrat al-layleeya/lil-maTaar* — There's a nighttime/ airport surcharge.

The expected tip in taxis is 10%. Prices can be negotiated in some countries, but it is always best to agree on the price before setting off.

Bicycle & Motorbike

I'd like to rent [hire]......	أريد أن أستأجر... *ureed an asta'jir...*
a bicycle	دراجة *daraaja*
a moped	دراجة بمحرك *daraaja bi-muHarik*
a motorcycle	دراجة نارية *daraaja naareeya*
How much per day/week?	كم باليوم/الأسبوع؟ *kam bil-yawm/bil-usboo'*

Can I have a helmet/ lock?	ممكن تعطيني خوذة/قفل؟
	mumkin tu'Teenee khawdha/qifl
I have a puncture/ flat tyre.	لدي إطار مثقوب/مفرغ من الهواء.
	laday iTaar mathqoob/mafragh min al-hawaa'

Car Hire

Where's the car rental [hire]?	أين إيجار السيارات؟
	ayn eejaar as-sayaaraat
I'd like...	أريد... *ureed...*
an automatic/ a manual	بغيار عادي/بغيار أوتوماتيكي
	bi-ghiyaar 'aadee/bi-ghiyaar awtoomaateekee
air conditioning	تكييف هواء *takyeef hawaa'*
a car seat	مقعد سيارة *maq'ad sayaara*
How much...?	بكم...؟ *bi-kam...*
per day/week	باليوم/بالأسبوع *bil-yawm/bil-usboo'*
per kilometer	بالكيلومتر *bil-kilometer*
for unlimited mileage	بأميال غير محدودة
	bi-amyaal ghayr maHdooda
with insurance	مع تأمين *ma' taa'meen*
Are there any discounts?	هل هناك أي تخفيضات؟
	hal hunaak ay takhfeeDaat

YOU MAY HEAR...

هل لديك رخصة قيادة دولية؟
hal ladayk rukhSat qeeyaada doowaleeya

Do you have an international driver's license?

جواز سفرك من فضلك.
jawaaz safarak min faDlak

Your passport, please.

هل تريد تأمين؟
hal tureed taa'meen

Do you want insurance?

سأحتاج إلى عربون
sa-aHtaaj ila 'arboon

I'll need a deposit.

ضع الحرف الأول من اسمك/وقع هنا
Da' al-Hurf al-awal min ismak/waqi' huna

Initial/Sign here.

Car with Driver

I'd like to hire a car with driver please.	أريد استئجار سيارة بسائق من فضلك. *ureed isti'jaar seeyaara bi-saa'iq min faDlak*
How much...?	كم يبلغ السعر...؟ *kam yabligh as-si'r...*
per day/week	في اليوم/الأسبوع *fee il-yawm/il-usboo'*
to go to...	للذهاب إلى... *lidh-dhihaab ila...*
Is this your best price?	هل هذا أفضل سعر لديك؟ *hal haadha afDal si'r ladayk*
What time are we leaving?	متى سننطلق؟ *mata sa-nunaTluq*
What time will we get there?	متى سنصل إلى هناك؟ *mata sa-nuSal ila hunaak*
Can we stop here?	هل يمكننا أن نتوقف هنا؟ *hal yumkinanaa an nutawqif huna*

YOU MAY SEE...

بنزين	gas [petrol]
برصاص	leaded
بدون رصاص	unleaded
عادي	regular
ممتاز	super
الأفضل	premium
ديزل	diesel

Fuel Station

Where's the fuel station?	أين محطة البنزين؟ ayn maHaTat al-binzeen
Fill it up.	املأ الخزان. imlaa' al-khazaan
..., please.	......، من فضلك. min faDlak
I'll pay in cash/by credit card.	سوف أدفع نقداً/عن طريق بطاقة الائتمان. sawf adfa' naqdan/'an Tareeq biTaaqat al-i'timaan

For Numbers, see page 167.

Many petrol stations throughout the Middle East have attendants.
A small tip for this service is usually appropriate.

Asking Directions

Is this the way to...?	هل هذا الطريق إلى....؟ hal haadha aT-Tareeq ila...
How far is it to...?	ما بعد المسافة إلى....؟ ma ba'd al-masaafa ila...
Where's...?	أين...؟ ayn...
...Street	شارع... shaari'...
this address	هذا العنوان haadha al-'unwaan

the highway [motorway]	الطريق السريع *aT-Tareeq as-saree'*
Can you show me on the map?	ممكن ترشدني على الخريطة؟ *mumkin turshidnee 'ala al-khareeTa*
I'm lost.	أنا تائه. *ana taa'ih*

YOU MAY HEAR...

على طول *'ala Tool*	straight ahead
يسار *yasaar*	left
يمين *yameen*	right
على/حول الزاوية *'ala/Hawl az-zaaweeya*	around the corner
مقابل *muqaabil*	opposite
خلف *khalf*	behind
بجانب *bi-jaanib*	next to
بعد *ba'ad*	after
شمال/جنوب *shamaal/janoob*	north/south
شرق/غرب *sharq/gharb*	east/west
عند إشارة المرور *'ind ishaarat al-muroor*	at the traffic light
عند ملتقى الطرق *'ind multaqee aT-Turuq*	at the intersection

Parking

Can I park here?	ممكن أركن سيارتي هنا؟ *mumkin arkun sayaaratee huna*
Where's...?	أين...؟ *ayn...*
the parking garage	موقف جراج *mawqif garaaj*
the parking lot [car park]	موقف السيارات *mawqif as-sayaaraat*
the parking meter	عداد الموقف *'adaad al-mawqif*

How much...?	كم...؟ *kam...*
per hour	بالساعة *bis-saa'a*
per day	باليوم *bil-yawm*
overnight	بالليلة *bil-layla*

Parking lots are easily come by as everyone drives in the Middle East, although this also means that there are usually a few other cars vying for the same space as you so it can be a case of survival of the fittest. Air-conditioned, enclosed parking lots are ideal given the extreme heights temperatures can reach during the day.

Breakdown & Repair

My car broke down/ won't start.	سيارتي تعطلت/لا تعمل. *sayaaratee ta'TTalat/la ta'mal*
Can you fix it (today)?	هل يمكن أن تصلحها (اليوم)؟ *hal yumkin an tuSaliHha (al-yawm)*
When will it be ready?	متى ستكون جاهزة؟ *mata sa-takoon jaahiza*
How much?	بكم؟ *bi-kam*

Accidents

| There was an accident. | وقع حادث. *waqa' Haadith* |
| Call an ambulance/
the police. | اتصل بالإسعاف/بالشرطة.
itaSil bil-is'aaf/bish-shurTa |

Road accidents are a major cause of fatalies in the Middle East, usually due to speed. Always regard the speed limits in place and always wear your seatbelt. There is a zero tolerance for drink driving in operation in most countries, if you are in doubt, even the next day after a night out, take a cab.

Places to Stay

ESSENTIAL

Can you recommend a hotel?	ممكن تنصحني بفندق؟ *mumkin tanSaHnee bi-funduq*
What is it near?	قريب من أين؟ *qareeb min ayn*
I have a reservation.	عندي حجز. *'andee Hajz*
My name is…	إسمي… *ismee…*
Do you have a room…?	عندك غرفة…؟ *'andak ghurfa…*
for one/for two	لواحد/لاثنين *li-waaHid/li-ithnayn*
with a bathroom	مع حمّام *ma' Hamaam*
with air conditioning	بتكييف هواء *bi-takyeef hawaa'*
For…	لـ… *li…*
tonight	الليلة *al-layla*
two nights	ليلتين *laylatayn*
one week	أسبوع *usboo'*
How much?	بكم؟ *bi-kam*
Is there anything cheaper?	هل يوجد أي شيء أرخص؟ *hal yoojad ay shay arkhaS*
Can I see the room?	ممكن أرى الغرفة؟ *mumkin araa al-ghurfa*
I'll take it.	سآخذها. *sa-aakhudh-haa*
When's checkout?	متى وقت تسليم الغرفة؟ *mata waqt tasleem al-ghurfa*
Can I leave this in the safe?	ممكن أترك هذا في الخزينة؟ *mumkin atruk haadha fee al-khazeena*
Can I leave my bags?	ممكن أترك حقائبي؟ *mumkin atruk Haqaa'ibee*
I'll pay in cash/by credit card.	سأدفع كاش/ببطاقة إئتمان. *sa-adfa' kaash/bi-biTaaqat i'timaan*

There is a wide range of accommodations to choose from in the Middle East, from luxury Western-style hotels to youth hostels, rented apartments and campsites. Try to reserve in advance, particularly during local holidays. In many parts of the Middle East, an unmarried man and woman will not be allowed to share a room, although two men or two women should pose no problem. Women traveling alone should be especially careful to reserve accommodations in an international or otherwise well-known hotel. Accommodations in hostels or campsites are most likely to be found in countries such as Algeria, Morocco and Egypt.

Somewhere to Stay

Can you recommend…?	ممكن تنصحني....؟ *mumkin tanSaHnee…*
a hotel	بفندق *bi-funduq*
a hostel/youth hostel	بنزُل/ببيت شباب *bi-nuzul/bi-bayt shabaab*
a bed and breakfast (B&B)	فندق بنظام المبيت والإفطار *funduq bi-niZaam al-mabeet wa al-ifTaar*
a campsite	بمخيّم *bi-mukhayyam*
What is it near?	قريب من أين؟ *qareeb min ayn*
How do I get there?	كيف أصل هناك؟ *kayf aSil hunaak*

Hospitality plays an important role in Middle Eastern culture so expect to be greeted warmly and for nothing to be too much trouble, even in the smallest establishments.

At the Hotel

I have a reservation.	'andee Hajz	عندي حجز.
My name is...	ismee...	إسمي...
Do you have a room...?	'andak ghurfa	عندك غرفة...؟
with a bathroom [toilet]/shower	ma' Hamaam/doosh	مع حمّام/دُش
with air conditioning	bi-takyeef hawaa'	بتكييف هواء
that's smoking/ non-smoking	lil-mudakh-ineen/li-ghayr al-mudakhineen	للمدخنين/لغير المدخنين
For...	li...	لـ...
tonight	al-layla	الليلة
two nights	laylatayn	ليلتين
a week	usboo'	أسبوع
Do you have...?	hal 'andak...	هل عندَك...؟
a computer	kumbyootir	كمبيوتر
an elevator [a lift]	mis'ad	مصعد
(wireless) internet service	khidmat internet (lasilkee)	خدمة إنترنت (لاسلكي)
housekeeping services	khidmaat tanZeef	خدمات تنظيف

laundry service	خدمة غسيل ملابس *khidma ghaseel malaabis*
room service	خدمة غرف *khidma ghuruf*
a pool	مسبح *masbaH*
a gym	جيمنازيوم *jeemnaaziyoom*
I need...	أحتاج إلى... *aHtaaj ila...*
an extra bed	سرير إضافي *sareer iDafee*
a cot	سرير للأطفال الرضع *sareer lil-aTfaal ar-raDi'*
a crib	سرير للأطفال الصغار *sareer lil-aTfaal aS-Sighaar*

For Numbers, see page 167.

YOU MAY HEAR...

جواز سفرك/بطاقتك الائتمانية، من فضلك.
jawaaz safrak/biTaaqatak al-i'timaaneeya min faDlak

Your passport/credit card, please.

املأ هذا النموذج. *imlaa' haadha an-namoodhij*
وقّع هنا. *waqa' huna*

Fill out this form.
Sign here.

Price

How much per night/week?	كم في الليلة/الأسبوع؟ *kam fee al-layla/al-usboo'*
Does that include breakfast/tax?	هل يشمل ذلك الإفطار/الضريبة؟ *hal yashmal dhaalik al-ifTaar/aD-Dareeba*
Are there any discounts?	هل هناك تخفيضات؟ *hal hunaak takhfeeDaat*

Preferences

| Can I see the room? | ممكن أرى الغرفة؟ *mumkin araa al-ghurfa* |
| I'd like...room. | أريد غرفة... *ureed ghurfa...* |

a better	أفضل afDal
a bigger	أكبر akbar
a cheaper	أرخص arkhaS
a quieter	أهدأ ahdaa'
I'll take it.	سآخذها sa-aakhudh-haa
No, I won't take it.	لا, لن آخذها. la lan aakhudh-haa

Questions

Where is/ are...?	أين...؟ ayn...
the bar	البار al-baar
the bathroom	التواليت
[toilet]	at-toowaaleet
the elevator [lift]	المصعد al-miS'ad
Do you have...?	هل عندك...؟ hal 'andak...
a blanket	بطانية baTaaneeya
an iron	مكواة mikwa
the room key	كرت المفتاح/مفتاح الغرفة
/key card	kart al-miftaH/miftaH al-ghurfa
a pillow	مخدة mikhadda
soap	صابون Saaboon
toilet paper	ورق تواليت
	waraq toowaaleet
a towel	منشفة minshafa
Do you have an adapter for this?	هل عندك محوّل لهذا؟ hal 'andak muHawwil li-haadha
How do I turn on/ off the lights?	كيف أقوم بتشغيل/إطفاء الأضواء؟ kayf aqoom bi-tashgheel/iTfaa' al-aDwaa'
Can you wake me at...?	ممكن تصحيني الساعة...؟ mumkin tuSaHeenee as-saa'a...
Can I leave this in the safe?	ممكن أترك هذا في الخزينة؟ mumkin atruk haadha fee al-khazeena

Can I have my things from the safe?	ممكن آخذ أشيائي من الخزينة؟
	mumkin akhudh ashyaa'ee min al-khazeena
Is there mail [post]/ a message for me?	هل هناك بريد/رسائل لي؟
	hal hunaak bareed/rasaa'il lee
Do you have a laundry service?	هل لديكم خدمة غسيل الملابس؟
	hal ladeekum khidma ghaseel al-malaabis

Problems

There's a problem.	هناك مشكلة. *hunaak mushkila*
I lost my key/key card.	فقدت مفتاحي/كرت مفتاحي.
	faqadtu miftaaHee/kart miftaaHee
I've locked my key/ key card in the room.	أغلقت الغرفة ونسيت المفتاح/بطاقة المفتاح في الغرفة.
	aghlaqtu al-ghurfa wa naseetu al-miftaaH/ biTaaqat al-miftaaH fee il-ghurfa
I'm locked out of the room.	لا أستطيع الدخول إلى غرفتي.
	la astaTee' ad-dukhool li-ghurfatee
There's no hot water/toilet paper.	لا يوجد ماء ساخن/ورق تواليت.
	la yoojad maa' saakhin/waraq toowaaleet
The room is dirty.	الغرفة وسخة. *al-ghurfa wisikha*
There are bugs in the room.	هناك حشرات في الغرفة.
	hunaak Hasharaat fee al-ghurfa
The...doesn't work.	...لا يعمل *la...ya'mal*
Can you fix...?	يمكنك تصليح...؟ *yumkinak taSleeH...*
the air conditioning	تكييف الهواء *takyeef al-hawaa'*
the fan	المروحة *al-marwaHa*
the heat [heating]	التدفئة *at-tadfi'a*
the light	الضوء *aD-Doo'*
the TV	التلفزيون *at-tilifizyoon*
the toilet	التواليت *at-toowaaleet*
I'd like another room.	أريد غرفة أخرى. *ureed ghurfat ukhraa*

YOU MAY SEE...

ادفع/اسحب	push/pull
حمام [دورة مياه]	bathroom [toilet]
دش استحمام	showers
مصعد	elevator [lift]
سلالم [درج]	stairs
ماكينات بيع	vending machines
ثلج	ice
مغسلة	laundry
ممنوع الإزعاج	do not disturb
مخرج حريق	fire door
مخرج (طوارئ)	emergency/fire exit
مكالمة إيقاظ	wake-up call

Unlike the U.S., most of the Middle East runs on 220-volt electricity, and plugs are usually two-pronged, although this does vary. You may need a converter and/or an adapter for your appliance.

Checking Out

When's checkout?	متى وقت تسليم الغرفة؟ *mata waqt tasleem al-ghurfa*
Can I leave my bags here until...?	ممكن أترك حقائبي هنا حتى...؟ *mumkin atruk Haqaa'ibee huna Hata...*
Can I have an itemized bill/a receipt?	ممكن تعطيني قائمة مفصلة بالحساب/الوصل؟ *mumkin ta'Teenee qaa'ima mufaSSala bil-Hisaab/ al-waSl*
I think there's a mistake.	أعتقد أن هناك خطأ. *a'taqid an hunaak khaTaa'*

| I'll pay in cash/ by credit card. | .سأدفع كاش/ببطاقة إئتمان. |
| | *sa-adfa' kaash/bi-biTaaqat i'timaan* |

Tipping porters and valet attendants is generally expected and is always appreciated.

Renting

I reserved an apartment/ a room.	.أنا حجزت شقة/غرفة.
	ana Hajaztu shaqqa/ghurfa
My name is...	...إسمي
	ismee...
Can I have the keys?	هل يمكنني استلام المفاتيح؟
	hal yumkinanee istilaam al-mafaateeH
Are there...?	هل هناك...؟ *hal hunaak...*
dishes	صحون *SuHoon*
pillows	مخدات *mikhadaat*
sheets	ملايات *milaayaat*
towels	مناشف *manaashif*
utensils	أدوات الطبخ *adwaat aT-Tabkh*
When do I put out the bins /recycling?	متى أقوم بإخراج سلال المهملات/تدوير المخلفات؟
	mata aqoom bi-ikhraaj salaal al-muhamilaat/tadweer al-mukhlifaat
How does the... work?	كيف يعمل الـ...؟ *kayf ya'mal al-...*
The...is broken.	الـ...مكسور *al-...maksoor*
air conditioner	تكييف الهواء *takyeef al-hawaa'*
dishwasher	غسالة الصحون *ghasaalat aS-SuHoon*
freezer	فريزر *fireezir*
heater [heating]	سخان *sakhaan*
microwave	ميكرويف *meekroowayif*
refrigerator	ثلاجة *thallaaja*

| stove | فرن *furn* |
| washing machine | غسالة الملابس *ghasaalat al-malaabis* |

Domestic Items

I need...	...أحتاج *aHtaaj...*
an adapter	محوّل *muHawwil*
aluminum [kitchen] foil	رقائق المنيوم *raqaa'iq aluminyoom*
a bottle opener	فتاحة زجاجات *fataaHa zujaajaat*
a broom	مكنسة *miknasa*
a can opener	فتاحة معلبات *fataaHa mu'alabaat*
cleaning supplies	مواد تنظيف *mawaad tanZeef*
a corkscrew	فتاحة النبيذ *fataaHat an-nabeedh*
detergent	منظف *munaZZif*
dishwashing liquid	سائل لغسيل الصحون *saa'il li-ghaseel aS-SuHoon*
garbage [rubbish] bags	أكياس قمامة *akyaas qamaama*
a lightbulb	لمبة *lamba*
matches	كبريت *kibreet*
a mop	ممسحة *mimsaHa*
napkins	مناديل المائدة *manadeel al-maa'ida*
paper towels	مناشف ورق *manaashif waraq*

plastic wrap [cling film]	غلاف نايلون	ghilaaf nayloon
a plunger	الغاطس	al-ghaaTis
scissors	مقص	miqaSS
a vacuum cleaner	مكنسة كهربية	makinsa kahrubeeya

For In the Kitchen, see page 79.

At the Hostel

Is there a bed available?	هل يوجد سرير فارغ؟	hal yoojad sareer faarigh
I'd like...	أريد...	ureed...
a single/ double room	غرفة منفردة/مزدوجة	ghurfa munfarida/muzdowaja
a blanket	بطانية	baTaaneeya
a pillow	مخدة	mikhadda
sheets	ملايات	milaayaat
a towel	منشفة	minshafa
Do you have lockers?	هل عندك خزائن؟	hal 'andak khazaa'in
When do you lock up?	متى تقفل؟	mata taqful
Do I need a membership card?	هل أحتاج بطاقة عضوية؟	hal aHtaaj biTaaqat 'uDweeya
Here's my International Student Card.	ها هي بطاقة الطالب الدولية	ha hiya biTaaqat aT-Taalib ad-doowaleeya

Going Camping

Can I camp here?	ممكن أخيّم هنا؟	*mumkin ukhayyam huna*
Where's the campsite?	أين المخيّم؟	*ayn al-mukhayyam*
What is the charge per day/week?	كم باليوم/بالأسبوع؟	*kam bil-yawm/bil-usboo'*
Is there running water?	هل هناك مياه جارية؟	*hal hunaak miyaah jaareeya*
Are there...?	هل هناك...؟	*hal hunaak...*
cooking facilities	لوازم طبخ	*lawaazim Tabkh*
electric outlets	مآخذ كهرباء	*ma'aakhadh kahrabaa'*
laundry facilities	مغسلة	*maghsala*
showers	دُش	*doosh*
tents for hire	خيام للتأجير	*khiyyaam lit-ta'jeer*
Where can I empty the chemical toilet?	أين يمكنني إفراغ التواليت الكمياني؟	*ayn yumkinanee ifraagh at-toowaaleet al-kimiyaa'ee*

For Domestic Items, see page 45.

YOU MAY SEE...

ماء للشرب	drinking water
ممنوع التخييم	no camping
ممنوع إشعال النار/الشوي	no fires/barbecues

Communications

ESSENTIAL

Where's an internet cafe?	أين يوجد مقهى إنترنت؟ *ayn yoojad maqha internet*
Can I access the internet?	ممكن أدخل على الإنترنت؟ *mumkin adkhul 'ala al-internet*
Can I check email?	ممكن أشوف البريد الإلكتروني؟ *mumkin ashoof al-bareed al-iliktroonee*
How much per (half) hour?	كم الحساب لمدة (نصف) ساعة؟ *kam al-Hisaab li-mudda (nusf) saa'a*
How do I connect/ log on?	كيف أصل/أدخل على الإنترنت؟ *kayf aSil/adkhul 'ala al-internet*
A phone card, please.	بطاقة تلفونية، من فضلك. *biTaaqa tilifooneeya min faDlak*
Can I have your phone number?	ممكن آخذ رقم تلفونك؟ *mumkin akhudh raqm tilifoonak*
Here's my number/ email.	هذا رقمي/عنوان بريدي الإلكتروني. *haadha raqmee/'unwaan bareedee al-iliktroonee*
Call me.	اتصل بي. *ittaSil bee*
Email me.	أرسل لي رسالة إلكترونية. *arsil lee risaalat iliktrooneeya*
Hello. This is [I am]...	السلام عليكم. أنا... *as-salaam 'alaykum. ana...*
Can I speak to...?	ممكن أتكلم مع...؟ *mumkin atakallam ma'...*
Can you repeat that?	ممكن تعيد؟ *mumkin tu'eed*
I'll call back later.	سأتصل لاحقاً. *sa-attaSil laaHiqan*
Bye.	مع السلامة. *ma' as-salaama*
Where's the post office?	أين البريد؟ *ayn al-bareed*
I'd like to send this to...	أريد أن أرسل هذا إلى... *ureed an ursil haadha ila...*

Internet access can be heavily censored, with many sites that are blocked and not accessible. The sites affected will vary depending on the laws of the country you are in.

Online

Where's an internet cafe?	أين يوجد مقهى إنترنت؟
	ayn yoojad maqha internet
Does it have wireless internet?	عندهم إنترنت لاسلكي؟
	andahum internet lasilkee
What is the WiFi password?	ماهي كلمة المرور للإنترنت اللاسلكي؟
	ma hiya kalimat al-muroor lil-internet al-lasilkee
Is the WiFi free?	هل الإنترنت اللاسلكي مجاني؟
	hal al-internet al-lasilkee majaanee
Do you have bluetooth?	هل لديكم بلوتوث؟ *hal ladeekum bloo tooth*
Can you show me how to turn on/ off the computer?	هل يمكنك أن تريني كيف أقوم بتشغيل/إيقاف تشغيل جهاز الكمبيوتر؟
	bi-tashgheel/eeqaaf tashgheel jihaaz al-kumbyootir
Can I...?	هل يمكنني...؟ *hal yumkinanee...*
access the internet	أدخل على الإنترنت *adkhul 'ala al-internet*

check my email	فتح بريدي الإلكتروني
	fataH bareedee al-iliktroonee
print	أطبع *aTba'*
plug in/charge my laptop/iPhone/ iPad/BlackBerry?	توصيل/شحن حاسبي المحمول/هاتف الأيفون/الأيباد/البلاكبيري؟ *tooSeel/shaHan Haasibeeal-maHmool/ haatif al-ayfoon/al-aaybaad/al-blaakbeeree*
access Skype?	الدخول إلى سكايب؟ *ad-dukhool ila skaayib*
How much per (half) hour?	كم الحساب لمدة (نصف) ساعة؟ *kam al-Hisaab li-mudda (nusf) saa'a*
How do I...?	كيف...؟ *kayf...*
connect/disconnect	أتصل/أقطع الاتصال؟ *attaSil/aqTa' l-ittiSaal*
log on/off	أدخل على/أخرج من الإنترنت *adkhul 'ala/akhruj min al-internet*
type this symbol	أطبع هذا الرمز *aTba' haadha ar-ramz*
What's your email?	ما هو عنوان بريدك الإلكتروني؟ *ma huwa 'unwaan bareedak al-iliktroonee*
My email is...	عنوان بريدي الإلكتروني هو... *'unwaan bareedee al-iliktroonee huwa...*
Do you have a scanner?	عندكم ماسحة؟ *'andakum maasiHa*

Social Media

Are you on Facebook /Twitter?	هل لديك حساب على فيسبوك/تويتر؟ *hal ladayk Hisaab 'ala feesbook/tweetir*
What's your username?	ما اسم المستخدم الخاص بك؟ *ma ism al-mustakhdim al-khaaS beek*
I'll add you as a friend.	سأضيفك كصديق. *sa-aDeefak ka-Sadeeq*

I'll follow you on Twitter.	سأتابعك على تويتر.
	sa-ataabi'ka 'ala tweetir
Are you following...?	هل تتابع...؟
	hal tutaabi'...
I'll put the pictures on Facebook/Twitter.	سأضع الصور على فيسبوك/تويتر.
	sa-uDi' aS-Suwwar 'ala feesbook/tweetir
I'll tag you in the pictures.	سأضع اسمك على الصور.
	sa-uDi' ismak 'ala aS-Suwwar

YOU MAY SEE...

إغلاق	close
تراجع	delete
بريد إلكتروني	email
خروج	exit
مساعدة	help
ماسنجر	instant messenger
إنترنت	internet
دخول	log in
رسالة جديدة	new (message)
تشغيل/إيقاف	on/off
فتح	open
طباعة	print
حفظ	save
إرسال	send
اسم المستخدم/كلمة المرور	username/password
إنترنت لاسلكي	wireless internet

Phone

A phone card/prepaid phone, please.	بطاقة هاتف/هاتف مدفوع مسبقاً من فضلك. *biTaaqa haatif/haatif madfoo' musabiqan min faDlak*
How much?	بطاقة هاتف/هاتف مدفوع مسبقاً من فضلك. *kam baleegh si'r*
Where's the pay phone?	أين يوجد الهاتف مدفوع الأجر من فضلك؟ *ayn yoojad al-haatif madfoo' al-ajar min faDlak*
What's the area country code for…?	ما كود الاتصال بدولة…؟ *ma kood al-ittiSaal bi-dawla…*
What's the number for Information?	ما رقم الاستعلامات؟ *ma raqm al-ista'laamaat*
I'd like the number for…	أريد رقم… *ureed raqm…*
I'd like to call collect [reverse the charges].	أريد الاتصال استلام [إرجاع الرسوم.] *ureed al-ittiSaal istilaam [irjaa' ar-rusoom]*
My phone doesn't work here.	هاتفي لا يعمل هنا. *haatifee la ya'mal huna*
What network are you on?	ما الشبكة التي تتصل من خلالها؟ *ma ash-shabka alatee tutaSil min khilaalahaa*
I it 3G?	هل هي G3؟ *hal hiya three-jee*
I have run out of credit/minutes.	نفد رصيدي/نفدت الدقائق. *nafd raSeedee/nafadtu ad-daqaa'iq*
Can I buy some credit?	هل يمكنني شراء بعض الرصيد؟ *hal yumkinanee shiraa' ba'aD ar-raSeed*
Do you have a phone charger?	هل لديكم شاحن هاتف؟ *hal ladaykum shaaHin haatif*
Can I have your number?	هل يمكنني معرفة رقمك؟ *hal yumkinanee ma'arifa raqmak*
Here's my number.	هذا هو رقمي. *haadha huwa raqmee*

Please call/text me.	من فضلك اتصل بي/ارسل لي رسالة نصية.
	min faDlak ittaSil bee/irsal lee risaala naSeeya
I'll call/text you.	سوف أتصل بك/أرسل لك رسالة نصية.
	sawfa utaSil beeka/arsal laka risaala naSeeya

For Numbers, see page 167.

Telephone Etiquette

Hello. This is...	مرحباً. أنا... *marHaban ana...*
Can I speak to...?	هل يمكنني أن أتحدث إلى...؟
	hal yumkinanee an ataHaddath ila
Extension...	الرقم الداخلي... *ar-raqm ad-daakhilee*
Speak louder/more slowly, please.	تحدث بصوت مرتفع/ببطء، من فضلك.
	tuHaddath bi-Sawt murtafi'/bi-buT' min faDlak
Can you repeat that?	هل يمكنك أن تكرر ما قلته؟
	hal yumkinak an tukarrir ma qultuh

YOU MAY HEAR...

من المتكلم؟ *man al-mutakallim*	Who's calling?
لحظة من فضلك. *laHZa min faDlak*	Hold on.
سأحولك. *sa-uHawwilak*	I'll put you through.
هو/هي غير موجود/موجودة على خط آخر.	He/She is not here/on
*huwa **m**/hiya **f** ghayr mawjood/'ala khaT aakhir*	another line.
هل تريد أن تترك له رسالة؟	Would you like to leave a
hal tureed an tatruk lahu risaala	message?
اتصل لاحقاً/بعد عشر دقائق.	Call back later/in ten
ittaSill laaHiqan/ba'ad 'ashr daqaa'iq	minutes.
ممكن يرد/ترد اتصالك لاحقاً؟	Can he/she call you back?
*mumkin yarud **m**/tarud **f** ittiSaalak laaHiqan*	
ما رقم تلفونك؟ *ma raqm tilifoonak*	What's your number?

I'll call back later.	سوف أتصل بك في وقتٍ لاحق.
	sawfa uttaSil beeka fee waqtin laaHiq
Bye.	مع السلامة. *ma' as-salaama*

Fax

Can I send/receive a fax here?	هل يمكنني أن أرسل/استقبل رسالة فاكس هنا؟
	hal yumkinanee an arsal/istaqbal risaala faaks huna
What's the fax number?	هل يمكنني أن أرسل/استقبل رسالة فاكس هنا؟
	ma raqm al-faaks
Please fax this to...	يرجى إرسال هذا الفاكس إلى...
	yurjee irsaal haadha al-faaks ila...

Post

Where's the post office/mailbox [postbox]?	أين البريد/صندوق البريد؟
	ayn al-bareed/Sundooq al-bareed
A stamp for this postcard/letter to...	أريد طابع لهذا الكرت/هذه الرسالة إلى...
	ureed taabi' li-haadha al-kart/hadhihi ir-risaala ila...
How much?	كم الحساب؟ *kam al-Hisaab*
Send this package	أرسل هذا الطرد بالبريد الجوي/بالبريد السريع

YOU MAY HEAR...

املأ نموذج البيان الجمركي. *imlaa' namoodhaj al-beeyaan al-jumrakee*	Fill out the customs declaration form.
كم القيمة؟ *kam al-qeema*	What's the value?
ماذا يوجد بالداخل؟ *maadha yoojad bid-daakhil*	What's inside?

by airmail/express.	*ursil haadha aT-Tard bil-bareed al-jawwee/ bil-bareed as-saree'*
When will it arrive?	متى سيصل؟ *mata sa-yaSil*
A receipt, please.	إيصال، من فضلك. *eeSaal min faDlak*

Food & Drink

Eating Out

ESSENTIAL

Can you recommend a good restaurant/ bar?	هل تنصحني بمطعم/ببار جيد؟ hal tanSaH-nee bi-maT'am/bi-baar jayyid
Is there a traditional/ inexpensive restaurant nearby?	هل هناك مطعم تقليدي/غير مكلف بالقرب من هنا؟ hal hunaak maT'am taqleedee/ghayr muklif bil-qurb min huna
A table for..., please.	طاولة لـ...من فضلك Taawila li-...min faDlak
Can we sit...?	ممكن نجلس...؟ mumkin najlis...
here/there	هنا/هناك huna/hunaak
outside	في الخارج fee il-khaarij
in a non-smoking area	حيث التدخين ممنوع Hayth at-tadkheen mamnoo'
I'm waiting for someone.	أنا أنتظر أحداً. ana antaZir aHadan
Where's the restroom [toilet]?	أين التواليت؟ ayn at-toowaaleet
A menu, please.	قائمة الطعام من فضلك. qaa'imat at-Ta'aam min faDlak
What do you recommend?	بم تنصحني؟ bi-ma tanSaHnee
I'd like...	أريد... ureed...
Some more..., please.	المزيد من...من فضلك. al-mazeed min...min faDlak
Enjoy your meal!	صحة! SiHHa
The check [bill], please.	الحساب من فضلك. al-Hisaab min faDlak
Is service included?	هل أجرة الخدمة محسوبة؟ hal ujrat al-khidma maHsooba
Can I pay by credit card/have a receipt?	ممكن أستخدم بطاقة الائتمان/تعطيني إيصال؟ mumkin astakhdim biTaaqat al-i'timaan/tu'Teenee eeSaal
Thank you!	شكراً! shukran

Hospitality is taken very seriously in the Middle East. If you are invited out to a meal in a restaurant you would not be expected to pay, nor should you try. If you are invited to a meal in someone's home you should bring a gift. A polite way of refusing is to say دائمة *dayma* or "always," which roughly means "may you always be in a position to provide such a sumptuous meal".

Where to Eat

Can you recommend...?	ممكن تنصحني بـ...؟ *mumkin tanSaHnee bi-...*
a restaurant	مطعم *maT'am*
a bar	بار *baar*
a café	مقهى *maqha*
a fast food place	مطعم للوجبات السريعة *maT'am lil-wajabaat as-saree'a*
a snack bar	مطعم للوجبات الخفيفة *maT'am lil-wajabaat al-khafeefa*
a cheap restaurant	مطعم رخيص *maT'am rakheeS*
an expensive restaurant	مطعم غالٍ *maT'am ghaalin*
a bean and falafel stand	محل فول وفلافل *maHall fool wa falaafil*
a Lebanese restaurant	مطعم لبناني *maT'am lubnaanee*
a restaurant with a good view	مطعم يطل على منظر جميل *maT'am yuTil 'ala munaZir jameel*
an authentic/ a non-touristy restaurant	مطعم أصيل/غير مخصص للسياح *maT'am aSeel/ghayr mukhaSiS lis-seeyaaH*

Reservations & Preferences

I'd like to reserve a table...	أريد أن أحجز طاولة	*ureed an aHjuz Taawila...*
for two	لشخصين	*li-shakhSayn*
for this evening	لهذا المساء	*li-haadha al-masaa'*
for tomorrow at...	ليوم غدٍ الساعة....	*li-yawm ghadin as-saa'a...*
A table for two, please.	طاولة لشخصين من فضلك	*Taawila li-shakhSayn min faDlak*
I have a reservation.	لدي حجز.	*laday Hajiz*
My name is...	اسمي...	*ismee...*
Can we sit...?	ممكن نجلسة؟	*mumkin najlis...*
here/there	هنا/هناك	*huna/hunaak*
outside	في الخارج	*fee il-khaarij*
in a non smoking area	حيث التدخين ممنوع	*Hayth at-tadkheen mamnoo'*
by the window	بالقرب من النافذة.	*bil-qurb min an-naafidha*
in the shade	في الظل	*fee iZ-Zal*
in the sun	في الشمس	*fee ish-shams*
Where are the toilets?	أين التواليت؟	*ayn at-toowaaleet*

YOU MAY HEAR...

عندك حجز؟ *andak Hajz*

كم شخصا؟ *kam shakhS*
هل تدخن؟ *hal tudakhin*
جاهز للطلب؟ *jaahiz liT-Talb*
ماذا تحب؟ *maadha tuHibb*
أنصحك بـ... *anSaHak bi...*
صحة! *SiHHa*

Do you have a
reservation?
How many?
Smoking or non-smoking?
Are you ready (to order)?
What would you like?
I recommend...
Enjoy your meal.

How to Order

Excuse me, sir/ma'am?	من فضلك، يا سيدي/سيدتي؟
	min faDlak ya sayyidee/sayyidatee
We're ready (to order).	نحن جاهزون للطلب. *naHnu jaahizoon liT-Talb*
The wine list, please.	قائمة النبيذ من فضلك *qaa'imat an-nabeedh min faDlak*
I'd like...	أريد... *ureed...*
a bottle of...	زجاجة... *zajaaja...*
a carafe of...	إبريق... *ibreeq...*
a glass of...	كأس... *ka's...*
The menu, please.	قائمة الطعام من فضلك.
	qaa'imat aT-Ta'aam min faDlak
Do you have...?	عندكم...؟ *'andakum...*
a menu in English	قائمة طعام بالإنكليزي *qaa'imat Ta'aam bil-ingleezee*
a fixed-price menu	قائمة طعام مع الأسعار *qaa'imat Ta'aam ma' al-as'aar*
a children's menu	قائمة طعام للأطفال *qaa'imat Ta'aam lil-aTfaal*
What do you recommend?	بم تنصحني؟ *bi-ma tanSaHnee*
What's this?	ما هذا؟ *ma haadha*

What's in it?	مم يتكون هذا؟	*mima yatakawan haadha*
Is it spicy?	هل هو حار؟	*hal huwa Haar*
Without..., please.	بدون... من فضلك.	*bi-doon... min faDlak*
It's to go [take away].	سآخذ الوجبة معي.	*sa-akhudh al-wajba ma'ee*

For Drinks, see page 80.

YOU MAY SEE...

رسم الخدمة	cover charge
سعر محدد	fixed price
قائمة الطعام	menu
طبق اليوم	menu (of the day)
أجرة الخدمة غير محسوبة	service (not) included
أطباق إضافية	side dishes
أطباق خاصة	specials

Cooking Methods

baked	في الفرن	*fee il-furn*
barbecued	مشوي	*mashwee*
boiled	مسلوق	*maslooq*
braised	مدمس	*mudammas*
breaded	مكسي بالخبز	*maksee bil-khubz*
creamed	مهروس	*mahroos*
diced	مكعبات	*muka'baat*
fileted	فيليه	*feelay*
fried	مقلي	*maqlee*
grilled	مشوي	*mashwee*
poached	بوشيه	*booshay*
roasted	محمص	*muHammaS*
sautéed	سوتيه	*sawtay*
smoked	مدخن	*mudakhan*

steamed	على البخار 'ala al-bukhaar
stewed	مطهو بالغلي البطيء
	mat-hoo bil-ghalee al-baTee'
stuffed	محشي maHshee

Dietary Requirements

I'm...	أنا...ana...
diabetic	مريض/مريضة بالسكري
	mareeD **m**/ mareeDa **f** bis-sukaree
lactose intolerant	أتحسس من اللاكتوز
	ataHasas min al-laaktooz
vegetarian	نباتي/نباتية
	nabaatee **m** / nabaateeya **f**
vegan	نباتي/نباتية
	nabaatee **m** / nabaateeya **f**
I'm allergic to...	أتحسس منة ataHasas min...
I can't eat...	لا أستطيع أن آكل...laa astaTee'u an aakul...
dairy	منتجات الألبان muntajaat al-albaan
gluten	الغلوتين al-ghlooteen
nuts	المكسرات al-mukassaraat
pork	لحم الخنزير laHm al-khanzeer
shellfish	المأكولات البحرية الصدفية
	al-ma'akoolaat al-baHreeya aS-Sadafeeya
spicy foods	الأطعمة الحارة al-aT'imat al-Haara
wheat	القمح al-qamaH
Is it halal?	هل هذا الطعام حلال؟
	hal haadha aT-Ta'aam Halaal
Do you have...?	هل لديكم...؟ hal ladaykum...
skimmed milk	حليب منزوع الدسم Haleeb manzoo' ad-dasm
whole milk	حليب كامل الدسم Haleeb kaamil ad-dasm
soya milk	حليب صويا Haleeb Sooyaa

Dining with Children

Do you have children's portions?	هل لديكم كميات للأطفال؟
	hal ladaykum kameeyaat lil-aTfaal
A highchair/child's seat, please.	مقعد عالٍ/مقعد للأطفال، من فضلك.
	miq'ad 'aalin/miq'ad lil-aTfaal min faDlak
Where can I feed/ change the baby?	أين يمكنني أن أطعم طفلي/أغير حفاظة طفلي؟
	ayn yumkinanee an aT'am Tiflee/ughayyar HafaaZa Tiflee
Can you warm this?	هل يمكنك أن تقوم بتدفئة هذه؟
	hal yumkinak an taqoom bi-tadfi'a haadhih

For Traveling with Children, see page 143.

How to Complain

When will our food be ready?	متى سيكون طعامنا جاهزا؟
	mata sa-yakoon Ta'aamina jaahizan
We can't wait any	لا نستطيع الانتظار أكثر.
	laa nastaTee'u al-intiZaar akthar
We're leaving.	نحن ذاهبون.
	naHnu dhaahiboon
I didn't order this.	أنا لم أطلب هذا.
	ana lam aTlub haadha
I ordered...	أنا طلبت...
	ana Talabtu...
I can't eat this.	لا أستطيع أن آكل هذا.
	la astaTee'u an aakul haadha
This is too...	هذا... أكثر من اللازم.
	haadha...akthar min al-laazim
cold/hot	بارد/ساخن *baarid/saakhin*
salty/spicy	مالح/حار *maaliH/Haar*
tough/bland	قاسي/عديم النكهة
	qaasee/'adeem an-nuk-ha
This isn't clean/fresh.	هذا ليس نظيف/طازج.
	haadha laysa naZeef/ Taazij

Paying

The check [bill], please.
الحساب من فضلك
al-Hisaab min faDlak

Separate checks [bills]
نريد حساب منفصل لكل شخص من فضلك.
nureed Hisaab munfaSal li-kul shakhS min faDlak

It's all together.
الحساب يتضمن كل شيء.
al-Hisaab yataDaman kul shay

Is service included?
هل يتضمن الحساب أجرة الخدمة؟
hal yataDaman al-Hisaab ujrat al-khidma

What's this
amount for?
لم هذا المبلغ؟
lima haadha al-mablagh

I didn't have that.
I had...
أنا لم آخذ هذا. أنا أخذت...
ana lam aakhudh haadha ana akhudhtu...

Can I have a receipt/
an itemized bill?
أريد إيصال/فاتورة مفصلة.
ureed ee-Saal/faatoora mufaSala

That was delicious!
كان الطعام لذيذا!
kaan aT-Ta'aam ladheedhan

I've already paid.
لقد دفعت بالفعل.
laqad daf'at bil-fi'l

Meals & Cooking

Breakfast الفطور al-fuToor is served between 6 and 10 a.m. in most hotels. Lunch الغذاء al-ghadhaa' is the main meal of the day, usually eaten between 1 and 3:30 p.m. Dinner العشاء al-'ashaa' is usually eaten between 8 and 11 p.m. (or even later) and can be a lighter version of lunch or a snack, such as *fateer* (pancake).

Breakfast

butter	زبدة *zibda*
coffee/tea...	قهوة/شاي... *qahwa/shaay...*
black	بدون حليب *bi-dooni Haleeb*
decaf	بدون كافيين *bi-dooni kaafeen*
with milk	مع حليب *ma' Haleeb*
with sugar	مع سكر *ma' sukkar*
with artificial sweetener	مع مُحلي صناعي *ma' muHlee Sinaa'ee*
cold/hot cereal	كورن فلكس (بارد/ساخن) *koorn fliks (baarid/saakhin)*
cold cuts	لحوم باردة *luHoom baarida*
croissant	كرواسان *krowaasaan*
jam/jelly	مربى/مربى بدون قطع فاكهة *murabba/ murabba bi-dooni qaTa' faakiha*
cheese	جبنة *jibna*
...juice	عصير... *'aSeer...*
orange	برتقال *burtuqaal*
apple	تفاح *tufaaH*
grapefruit	ليمون هندي/جريب فروت *leemoon hindee/grayb froot*
labneh	لبنة *labna*

manakeesh	مناقيش *manaaqeesh*
milk	حليب *Haleeb*
oatmeal [porridge]	شوفان *shoofaan*
granola [muesli]	ميوزلي *myoozlee*
muffin	فطيرة حلوى *faTeera Hilwa*
...egg	بيضة... *bayDa...*
hard /soft boiled	مسلوقة كثيراً/قليلاً *maslooqa katheeran/qaleelan*
fried	مقلية *muqleeya*
scrambled	بيض ممزوج *bayD mamzooj*
omelette	عجة *'ijja*
bread	خبز *khubz*
toast	خبز محمص *khubz muHammaS*
roll	خبز سمّون *khubz samoon*
beef sausage	سجق *sujuq*
yogurt	لبن *laban*
water	ماء *maa'*

Bread خبز *khubz* is very important to Arabs and is eaten with every meal. In Egyptian Arabic it is often called عيش *'aysh*, which literally means "life". It is considered disrespectful to throw away bread or drop it on the floor. Traditional Arabic bread is round, flat and only slightly leavened.

Appetizers

dip made with eggplant [aubergine] and tahini paste	بابا غنوج *baba ghanouj*
Egyptian smoked gray mullet roe	بطارخ *baTaarikh*
dip made of ground	حمص *HummuS*

chickpeas and sesame
paste

white, soft cheese
(similar to feta)
mashed with tomatoes
and herbs جبنة بيضاء بالطماطم *jibna bayDaa' biT-TamaaTim*

falafel فلافل *falaafil*

fried or grilled chopped كفتة *kufta*
meat patties

dip made of sesame طحينة *TaHeena*
paste with olive oil,
lemon and cumin,
popular in Egypt

vine leaves stuffed with ورق عنب *waraq 'inab*
rice and sometimes
chopped meat

Appetizers مازة *mazza* are an important part of an Arabic meal.
A mixture of appetizers is usually placed in the middle of the
table and shared by everyone.

Soup

bean soup	شوربة بقول	*shoorba buqool*
chicken soup	شوربة دجاج	*shoorba dajaaj*
tomato soup	شوربة طماطم	*shoorbat TamaaTim*
vegetable soup	شوربة خضار	*shoorba khuDaar*
thick Egyptian soup made of finely chopped Jew's mallow leaves (similar to spinach), cooked with meat	ملوخية	*mulookheeya*
thick soup made from calves' hooves	شوربة كوارع	*shoorba kawaari*

Fish & Seafood

clam	بطلينوس	*baTleenoos*
cod	قد	*qud*
crab	سرطان	*sarTaan*
halibut	هلبوت	*haliboot*
herring	رنكة	*ranka*
lobster	كركند	*karakand*
octopus	أخطبوط	*ukhTubooT*

oyster	محار *maHaar*
salmon	سلمون *salmoon*
sea bass	قاروس *qaaroos*
shrimp	قريدس *quraydis*
sole	سمك موسى *samak moosa*
squid	حبّار *Habbaar*
swordfish	أبو سيف *abu sayf*
trout	تروتة *troota*
tuna	طون *Toon*

Meat & Poultry

bacon	لحم خنزير مملح *laHm khanzeer mumallaH*
beef	لحم بقري *laHm baqaree*
chicken	لحم دجاج *laHm dajaaj*
duck	لحم بط *laHm buT*
ham	جامبون *jaamboon*
lamb	لحم غنم *laHm ghanum*
liver	كبد *kabd*
pork	لحم خنزير *laHm khanzeer*
rabbit	لحم أرانب *laHm araanib*
sausage	سجق *sujuq*

The consumption of pork and products made from pork is strictly forbidden in Islam. However, you may find items such as beef sausages as an alternative.

steak	ستيك	*steek*
turkey	ديك رومي	*deek roomee*
veal	لحم عجل	*laHm 'ijl*

Vegetables & Staples

artichoke	أرضي شوكي	*arDi shookee*
asparagus	هليون	*halyoon*
avocado	أفكادو	*afakaadoo*
beans	بقول	*buqool*
broccoli	بركولي	*brukoolee*
cabbage	ملفوف	*malfoof*
carrot	جزر	*jizr*
chickpea	حمص	*HummuS*
corn	ذرة	*dhurra*
couscous	كسكس	*kuskus*

cracked wheat	تبولة	*taboola*
eggplant [aubergine]	باذنجان	*baadhinjaan*
garlic	ثوم	*thoom*
green bean	فاصوليا	*faaSoolyaa*
Jew's mallow (herb)	ملوخية	*mulookheeya*
lentils	عدس	*'ads*
lettuce	خس	*khas*
mushroom	فطر	*fiTr*
okra [ladies' fingers]	بامية	*baamya*
olive	زيتون	*zaytoon*
onion	بصل	*baSal*
pasta	معجنات	*mu'janaat*
pea	بازلاء	*baazilaa'*
pickled vegetables	طرشي	*Turshee*
potato	بطاطس	*baTaaTis*
radish	فجل	*fajl*
rice	زر	*ruz*
red/green pepper	فليفلة حمراء/خضراء	*fulayfila Hamraa'/khaDraa'*

tomato	طماطم *TamaaTim*
spinach	سبانخ *sabaanikh*
squash	يقطين *yaqTeen*
tabbouleh (cracked wheat salad with onion, tomato, mint, olive oil and lemon)	تبولة *taboola*
vegetable	خضار *khuDaar*
zucchini [courgette]	كوسا *koosaa*

Fruit

apple	تفاح *tufaaH*
apricot	مشمش *mishmish*
banana	موز *mooz*
blueberry	عنبية *anabeeya*
cherry	كرز *karaz*
date	تمر *tamar*
fig	تين *teen*
fruit	فاكهة *faakiha*
grape	عنب *'inab*

grapefruit	ليمون هندي/جريب فروت
	leemoon hindee/grayb froot
green plum	جانرك *jaanrak*
guava	جوافة *guaafa*
lemon	ليمون *leemoon*
lime	ليم حامض
	laym HaamiD
melon	شمام *shamaam*
orange	برتقال *burtuqaal*
peach	دراق/خوخ
	daraaq/khookh
pear	إجاص/كمثري
	ijaaS/kumtharee
pineapple	أناناس *anaanaas*
plum	خوخ/برقوق
	khookh/barqooq
raspberry	توت *toot*
strawberry	فراولة
	faraawala
watermelon	بطيخ *baTeekh*

Cheese

ackawi   عكاوي *'akaawee*
Palestinian, mild and
salty semi-hard cheese
made from cow's milk.

Feta   فتة *feta*
usually made from
sheep's or goat's milk
and then aged.

Halloumi   حلومي *halloumi*
made from a mixture
of goat's and sheep's
milk, similar to
mozzarella, it is great
for grilling

jibneh Arabieh   جبنة عربية *jibnat 'arabeeya*
a mild cheese
common in Egypt.

Labneh   لبنة *laban*
soft, cream cheese made
from strained yogurt

Nabulsi
semi-hard brined
cheese typically made
from sheep's or goat's
milk.
Commonly found in
Palestine. It is the main
ingredient in
qaTaayif pastry.

نابلسي *naabulsee*

Shanklish
made from sheep's or
cow's milk and often
shaped into balls.
Common to Syria
and Lebanon

شنكليش *shankleesh*

Testouri
Egyptian cheese made
from goat's or sheep's
milk. Typically shaped
like an orange.

تستوري *tistooree*

Dessert

semolina cake soaked in syrup	بسبوسة *basboosa*
horn-shaped pastries filled with almonds and flavored with orange -flower water, a specialty of North Africa	كعب الغزال *ka'ab al-ghazaal*
fried dough balls soaked in syrup	لقمة القاضي *luqmat al-qaaDee*
rice or corn-flour pudding	محليبة *muHallabeeya*
pastry filled with nuts & soaked in syrup	قطايف *qaTaayif*
sweet hot milk pudding with nuts and raisins	أم علي *umm 'alee*

Sauces & Condiments

Salt	ملح *malaH*
Pepper	فلفل أسود *filfil aswad*
Mustard	مستردة *mustarda*
Ketchup	كاتشاب *kaatshaab*

At the Market

Where is...?	أينة؟ *ayn...*
I'd like some of that/this.	أريد قليلاً من هذا/ذلك. *ureed qaleelan min haadha/dhaalik*
Can I taste it?	ممكن أتذوق هذا؟ *mumkin atadhawaq haadha*
I'd like...	أريد... *ureed...*
– a kilo/half-kilo of...	كيلو/نصف كيلو... *kilo/nusf-kilo...*
– a liter of...	ليتر... *liter...*
– a piece of...	قطعة... *qiT'at...*
– a slice of...	شريحة... *shareeHat...*
More./Less.	أكثر./أقل. *akthar/aqal*
How much?	كم سعر هذا؟ *kam si'r haadha*
Where do I pay?	أين أدفع؟ *ayn adfa'*
A bag, please.	كيس من فضلك. *kees min faDlak*
I'm being helped.	هناك من يساعدني. *hunaak man yusaa'idnee*

For Conversion Tables, see page 172.

YOU MAY HEAR...

بم أساعدك؟ *bi-ma usaa'idak*

ماذا تحب؟ *maadha tuHibb*

هل تريد أي شيء آخر؟ *hal tureed ay shay aakhar*

هذا... *haadha...*

Can I help you?
What would you like?
Anything else?
That's...

Measurements in the Arab world are metric and that applies to
the weight of food too. If you tend to think in pounds and ounces,
it's worth brushing up on what the metric equivalent is before you go
shopping for fruit and veg in markets and supermarkets. Five hundred
grams, or half a kilo, is a common quantity to order, and that converts to
just over a pound (17.65 ounces, to be precise).

YOU MAY SEE...

يفضل الاستهلاك قبل...

حريرات

خال من الدسم

يحفظ في الثلاجة

قد يحتوي على بقايا...

مناسب للمايكرويف

صالح لغاية...

مناسب للنباتيين

best if used by...
calories
fat free
keep refrigerated
may contain traces of...
microwaveable
sell by...
suitable for vegetarians

In the Kitchen

bottle opener	فتاحة زجاجات
	fataaHa zujajaat
bowl	زبدية *zubdeeya*
can opener	فتاحة معلبات
	fataaHa mu'alabaat
corkscrew	فتاحة نبيذ
	fataaHa nabeedh
cup	فنجان *finjaan*
fork	شوكة *shawka*
frying pan	مقلاة *miqlaah*
glass	كأس *ka's*
(steak) knife	سكين (حادة) *sikeen (Haada)*
measuring cup	فنجان للعيار *finjaan lil-'ayaar*
measuring spoon	ملعقة للعيار *mil'aqa lil-'ayaar*
napkin	منديل للمائدة *mandeel lil-maa'ida*
plate	صحن *SaHn*
pot	وعاء للطبخ *wi'aa' liT-Tabkh*
spatula	ملعقة مسطحة
	mil'aqa musaTaHa
spoon	ملعقة *mil'aqa*

Drinks

ESSENTIAL

The wine list/drink menu, please.
قائمة النبيذ/قائمة المشروبات، من فضلك.
qaa'imat an-nabeedh/al-mashroobaat min faDlak

What do you recommend?
بم تنصحني؟
bi-ma tanSaHnee

I'd like a bottle/glass of red/white wine.
أريد زجاجة/كأس نبيذ أحمر/أبيض.
ureed zujaaja/ka's nabeedh aHmar/abyaD

The house wine, please.
نبيذ المحل، من فضلك.
nabeedh al-maHal min faDlak

Another bottle/ glass, please.
زجاجة أخرى/كأس آخر من فضلك.
zujaajat ukhra/ka's aakhar min faDlak

I'd like a local beer.
أريد بيرة محلية.
ureed beera maHaleeya

Can I buy you a drink?
هل تحب أن تشرب شيء؟
hal tuHibb an tashrab shay

Cheers!
صحة!
SiHHa

A coffee/tea, please.
قهوة/شاي، من فضلك.
qahwa/shaay min faDlak

Black.
بدون حليب.
bi-dooni Haleeb

With...
مع...
ma'...

   milk
حليب
Haleeb

   sugar
سكر
sukkar

   artificial sweetener
مُحلي صناعي
muHlee Sinaa'ee

A..., please.
... من فضلك.
... min faDlak

   juice
عصير
'aSeer

   soda
صودا
Sooda

   (sparkling/still) water
مياه (غازية/معدنية)
miyaah (ghaazeeya/ ma'daneeya)

Is the water safe
هل المياه صالحة للشرب؟
hal al-miyaah SaaliHa lish-shurb

Non-alcoholic Drinks

coffee	قهوة	*qahwa*
hot chocolate	شراب الشوكلاتة	*sharaab ash-shookulaata*
juice	عصير	*'aSeer*
Lemonade	ليمونادة	*leemoonaada*
milk	حليب	*Haleeb*
soda	صودا	*Sooda*
(iced) tea	(آيس) تي/شاي	*(ays) tee/shaay*
(sparkling/still) water	مياه (غازية/معدنية)	*miyaah (ghaazeeya/ma'daneeya)*
watermelon juice	ليمونادة	*aSeer baTeekh*

Alcohol is strictly forbidden to Muslims under Islamic law, and in Saudi Arabia, it is illegal. However, in other Arab countries it is available in tourist areas and hotels, and in countries such as the United Arab Emirates and Qatar, you can apply for a special licence in order to buy it from an off-licence. Always check the rules in the country you are visiting be-fore you travel so as not to cause offence.

YOU MAY HEAR...

هل يمكنني أن أحصل على مشروب؟
hal yumkinanee an aHSal 'ala mashroob

Can I get you a drink?

بالحليب أو السكر؟
bil-Haleeb aw as-sukar

With milk or sugar?

مياه فوارة أم عادية؟
miyaah fuwaara aw 'aadeeya

Sparkling or still water?

Apéritifs, Cocktails & Liqueurs

brandy	براندي	*braandee*
gin	جن	*jin*
rum	رَم	*rum*
scotch	سكوتش	*skootsh*
tequila	تِكيلا	*tikeela*
vodka	فودكا	*foodka*
whisky	وسكي	*wiskee*

Beer

...beer	بيرة	*beera*
bottled/draft	زجاجة/حنفية	*zujaaja/Hanafeeya*
dark/light	غامقة/فاتحة	*ghaamiqa/faatiHa*
lager/pilsener	لاجر/بيلسينر	*laagir/beelseenar*

Lebanon and Egypt have a long history of wine and beer production, and local brews are worth sampling. They are usually cheaper than imported brands too. A local specialty of Lebanon and the Levant is عرق *'aaraq*, an aniseed drink similar to Greek *ouzo* or French *pastis*.

Shisha شيشة is widely enjoyed and comes in many different
varieties and flavors such as apple, plum, coconut and mint. It is
essentially tobacco sweetened with fruit or molasses sugar which
gives it a very aromatic smell. It is smoked through an ornamental pipe.

local/imported	محلية/مستوردة maHaleeya/mustawrida
non-alcoholic	بدون كحول bi-dooni kuHool

Wine

wine	نبيذ nabeedh
red/white/ rosé	أحمر/أبيض/وردي aHmar/abyaD /wardee
house/table	المحل/مائدة al-maHal/maa'ida
dry/sweet	مز/حلو mizz/Hiloo
sparkling	فوار fawaar
champagne	شمبانيا shambaanya
dessert wine	نبيذ حلو nabeedh Hiloo

On the Menu

almond	لوز	*looz*
apple	تفاح	*tufaaH*
apricot	مشمش	*mishmish*
apricot juice	عصير مشمش	*'aSeer mishmish*
artichoke	أرضي شوكي	*arDi shookee*
artificial sweetener	محلي صناعي	*muHlee Sinaa'ee*
asparagus	هليون	*halyoon*
avocado	أفكادو	*afakaadoo*
bacon	لحم خنزير مملح	*laHm khanzeer mumallaH*
banana	موز	*mooz*
basil	ريحان	*reeHaan*
bass	قاروس	*qaaroos*
bay leaf	غار	*ghaar*
bean soup	شوربة بقول	*shoorba buqool*
beans	بقول	*buqool*
beef	لحم بقري	*laHm baqaree*
beer	بيرة	*beera*
beet	شمندر/بنجر	*shamandar/banjar*
blueberry	عنبية	*'anabeeya*
brain	مخ	*mukh*
brandy	براندي	*braandee*
bread	خبز	*khubz*
breast (of chicken)	صدر الدجاج	*Sadr (ad-dajaaj)*
broccoli	بركولي	*brukoolee*
broth	مَرق	*maraq*
brown (fava) beans	فول	*fool*
burger	برغر	*burghur*
butter	زبدة	*zibda*
buttermilk	لبن	*laban*

cabbage	ملفوف malfoof
cake	كعكة ka'aka
camel meat	لحم جمل laHm jamal
candy [sweets]	سكاكر sakaakir
cantaloupe	شمام shammaam
caper	كبر kabar
caramel	كراميل karaameel
caraway	كراوية karaaway
cardamon	حب الهال Habb al-haal
carrot juice	عصير جزر 'aSeer jazar
carrot	جزر jazar
cashew	كاجو kaajoo
cauliflower	قرنبيط qarnabeeT
celery	كرفس karafs
cereal	كورن فلكس koorn fliks
cheese	جبنة jibna
cherry	كرز karaz
chestnut	كستناء kastanaa'
chicken	لحم دجاج laHm dajaaj
chicken soup	شوربة دجاج shoorba dajaaj
chickpea	حمص HummuS

chili	شطّة shaTTa
chili pepper	فليفلة حارة fulayfila Haara
chocolate	شوكولاتة shookulaata
chop	قطعة لحم مع العظم qiT'at laHm ma' al-'aZm
chopped meat	لحم مقطع laHm muqaTTa'
cilantro [coriander]	كزبرة kuzbara
cinnamon	قرفة qirfa
clam	بطلينوس baTleenoos
clove	قرنفل qurunfil
coconut	جوز هند jooz hind
cod	قد qud
coffee	قهوة qahwa
cold cuts	لحوم باردة luHoom baarida
cookie [biscuit]	بسكوت biskoot
corn	ذرة dhurra
corned beef	لحم عجل معلب laHm 'ajil mu'allab
cornmeal	دقيق الذرة daqeeq adh-adhurra
couscous	كسكس kuskus
crab	سرطان البحر sarTaan al-baHr
crabmeat	لحم سرطان البحر laHm sarTaan al-baHr
cracked wheat	برغل burghul
cracker	بسكوت مملح biskoot mumallaH
cranberry	توت بري toot barree
cream	قشطة qishTa
cream (whipped)	كريمة مخفوقة kreema makhfooqa
cream cheese	جبنة للدهن jibna lid-dahan
crème caramel	كريم كراميل kreem karaameel
croissant	كرواسان krowaasaan
cucumber	خيار khiyaar
cumin	كمون kamoon
curd cheese	لبنة labna

curd cheese with olive oil	شنكليش	*shankaleesh*
custard	كاسترد	*kaastard*
dates	بلح	*balaH*
decaf	بدون كافيين	*bi-dooni kaafeen*
dessert wine	نبيذ حلو	*nabeedh Hiloo*
dill	شبث	*shibth*
dried dates	عجوة	*'ajwa*
dried melon seeds	بذر بطيخ	*bidhr baTeekh*
drinks	مشروبات	*mashroobaat*
duck	لحم بط	*laHm baTT*
dumpling	زلابية	*zalaabeeya*
eel	أنقليس	*anqalees*
egg	بيضة	*bayDa*
egg white	بياض البيضة	*bayaaD al-bayDa*
egg yolk	صفار البيضة	*Sufaar al-bayDa*
eggplant [aubergine]	باذنجان	*baadhinjaan*
Egyptian bread rings	سميط	
covered in sesame seeds		*simeeT*
endive [chicory]	هندباء	*hindibaa'*
falafel	فلافل	*falaafil*
fava beans	فول مدمس	*fool mudammis*

fennel	شمّار *shammaar*
feta cheese	جبنة بيضاء *jibna bayDaa'*
fig	تين *teen*
fish	سمك *samak*
French fries [chips]	بطاطس مقلية *baTaaTis maqleeya*
fritter	فطيرة مقلية *faTeera maqleeya*
fruit	فواكه *fawaakih*
fruit salad	سلطة فواكه *salaTa fawaakih*
game	لحم طرائد *laHm Taraa'id*
garlic	ثوم *thoom*
garlic sauce	صلصة الثوم *SalSat ath-thoom*
ghee (clarified butter)	سمنة *samna*
gherkin	خيار مخلل *khiyaar mukhallal*
giblet	قلب الطائر *qalb aT-Taa'ir*
gin	جِن *jin*
ginger	زنجبيل *zanjabeel*
goat	ماعز *maa'iz*
goat cheese	جبنة ماعز *jibna maa'iz*
goose	أوز *iwaz*
granola [muesli]	ميوزلي *myoozlee*
grapefruit	ليمون هندي/جريب فروت *leemoon hindee/grayb froot*

grapes	عنب /inab
green bean	فاصوليا faaSoolya
green pepper	فليفلة خضراء fulayfila khaDraa'
grilled corn	ذرة مشوية dhurra mashweeya
ground beef [mince]	لحمة مفرومة laHma mafrooma
guava	جوافة guaafa
guava juice	عصير جوافة /aSeer guaafa
haddock	حدوق Hadooq
hake	قد qadd
halibut	هلبوت haliboot
halloumi	حلومي halloumi
ham	جامبون jaamboon
hamburger	همبرغر hamburghur
hazelnut	بندق bunduq
heart	قلب qalb
hen	دجاجة dajaaja
herb	عشبة /ashaba
herring	رنكة ranka
hibiscus tea	كركديه karkadayh
honey	عسل /asal
hot (spicy)	حار Haar
hot dog	هوت دوغ hot dog
hot pepper sauce	صلصة حارة SalSa Haara
ice cream	آيس كريم aayis kreem
ice cubes	مكعبات ثلج muka'abaat thalj
instant coffee	نسكافيه niskaafay
jam	مربى murabba
jelly	مربى بدون قطع فاكهة murabba bi-dooni qaTa' faakiha
juice	عصير /aSeer
kabob	كباب kabaab

ketchup	كتشب ketchup
kid	لحم الجدي laHm al-jadee
kidney	كلية kilya
kiwi	كيوي keewee
kofta (fried or grilled meatballs)	كفتة kufta
lamb	لحم غنم laHm ghanum
leek	كرّاث kuraath
leg	فخذ fakhdh
lemon	ليمون leemoon
lemon juice	عصير ليمون 'aSeer leemoon
lemonade	ليموناضة leemoonaaDa
lentils	عدس 'ads
lettuce	خس khas
lime	ليم حامض laym HaamiD
liqueur	ليكيور leekyoor
liver	كبد kabd
lobster	كركند karakand
loin	شريحة shareeHa
macaroni	معكرونة ma'akroona
mackerel	إسقمري isqamree
mango	منجا manga
mango juice	عصير منجا 'aSeer manga
margarine	زبدة نباتية zibda nabaateeya
marmalade	مربي برتقال murabba burtuqaal
mashed brown beans	فول fool
mayonnaise	مايونيز maayooneez
meat	لحم laHm
melon	شمام shamaam
meringue	ميرنغ meerangh
milk	حليب Haleeb

milk shake	كوكتيل حليب *kookteel Haleeb*
mineral water	مياه معدنية *miyaah ma'daneeya*
mint	نعناع *na'naa'*
mint tea	شاي بنعناع *shaay bi-na'naa'*
muffin	فطيرة حلوى *faTeera Hilwa*
mullet	سلطان ابراهيم *sulTaan ibraaheem*
mushroom	فطر *fiTr*
mussel	بلح البحر *balaH al-baHr*
mustard	خردل *khardal*
mutton	لحم الضأن *laHm aD-Daa'n*
noodles	نودلز *noodilz*
nougat	نوغة *noogha*
nutmeg	جوزة الطيب *jawzat aT-Tayyib*
nuts	مكسرات *mukassaraat*
oatmeal	شوفان *shoofaan*
octopus	أخطبوط *ukhTabooT*
okra [ladies' fingers]	بامية *baamya*
okra stewed with	بامية بالموزة
lamb knuckles	*baamya bil-mawza*
olive	زيتون *zaytoon*
olive oil	زيت زيتون *zayt zaytoon*

omelet	عجة	'ijja
onion	بصل	baSal
orange	برتقال	burtuqaal
orange juice	عصير برتقال	'aSeer burtuqaal
orange liqueur	ليكيور برتقال	leekyoor burtuqaal
oregano	زعتر بري	za'tar barree
organ meat [offal]	أحشاء الذبيحة	aHshaa' adh-dhabeeHa
oven-browned bread	خبز محمص	khubz muHammaS
ox	ثور	thoor
oxtail	ذيل الثور	dhayl ath-thoor
oyster	محار	maHaar
pancake	فطير	faTeer
papaya	بابايا	baabaayaa
paprika	بابريكا	baabreekaa
parsley	بقدونس	baqdoonis
parsnip	جزر أبيض	jazar abyaD
pasta	معجنات	mu'ajanaat
pastry	حلويات	Halawiyaat
pâté	باتيه	baatay
peach	دراق/خوخ	daraaq/khookh
peanut	فول سوداني	fool soodaanee
pear	إجاص/كمثري	ijaaS/kumtharee
pea	بازلاء	baazilaa'
pecan	جوز البقان	jooz al-baqaan
pepper (seasoning)	فلفل	filfil
pepper (vegetable)	فليفلة	fulayfila
pheasant	حجل	Hajal
pickle	مخلل	mukhallal
pie	فطيرة	faTeera
pigeon	حمام	Hamaam
pineapple	أناناس	anaanaas

pineapple juice	عصير أناناس 'aSeer anaanaas
pistachio	فستق fustuq
pizza	بيتزا beetzaa
plum	خوخ khookh
pomegranate	رُمان rumaan
pork	لحم خنزير laHm khanzeer
port	بورت boort
potato	بطاطس baTaaTis
potato chip [crisp]	شبس shibs
poultry	دواجن dawaajin
prickly pear	تين شوكي teen shawkee
prune	خوخ مجفف khookh mujaffaf
pumpkin	قرع qara'
quail	سُمّاني sumaanee
rabbit	لحم أرانب laHm araanib
radish	فجل fajl
raisin	زبيب zabeeb
raspberry	توت toot
red cabbage	ملفوف أحمر malfoof aHmar
red mullet	سمك بوري samak booree
red pepper	فليفلة حمراء fulayfila Hamraa'

rhubarb	راوند *raawand*
rice	رز *ruzz*
rice pudding	رز بحليب *ruzz bi-Haleeb*
roast beef	لحم عجل مشوي *laHm 'ajil mashwee*
roll	خبز سمّون *khubz sammoon*
rosemary	إكليل الجبل/حصى البان *ikleel al-jabal/Hasaa al-baan*
rum	رم *rum*
saffron	زعفران *za'fraan*
sage	مريمية *maryameeya*
salad	سلطة *salaTa*
salami	سلامي *salaamee*
salmon	سلمون *salmoon*
salt	ملح *malH*
sandwich	سندويتش *sandweetsh*
sardine	سردين *sardeen*
sauce	صلصة *SalSa*
sausage	سجق *sujuq*
scallion [spring onion]	بصل أخضر *baSal akhDar*
scallop	أسقلوب *isqaloob*
scotch	سكوتش *skootsh*

sea bass	قاروس *qaaroos*
seafood	ماكولات بحرية *ma'koolaat baHreeya*
semolina	سميد *sameed*
semolina bread (Tunisian)	خبز مبسس *khubz mubassis*
semolina cake	بسبوسة *basboosa*
sesame paste	معجون السمسم *ma'joon as-simsim*
sesame seed	سمسم *simsim*
shallot	بصل صغير *baSal Sagheer*
shank	أعلى الفخذ *a'ala al-fakhdh*
shellfish	أسماك صدفية *asmaak Sadafeeya*
sherry	شري *shirree*
shish kabob	كباب *kabaab*
shoulder	كتف *katif*
shrimp [prawn]	قريدس *quraydis*
sirloin	خاصرة البقرة *khaaSirat al-baqra*
snack	سناك *snaak*
soda [soft drink]	كازوزا/صودا *kazoozaa/sawdaa*
sole	سمك موسى *samak moosa*
soup	شوربة *shoorba*
sour cream	لبن رائب *laban raa'ib*
soy [soya]	فول الصويا *fool aS-Sooyaa*
soy sauce	صلصة فول الصويا *SalSa fool aS-Sooyaa*
soybean [soya bean]	فول الصويا *fool aS-Sooyaa*
soymilk [soya milk]	حليب الصويا *Haleeb aS-Sooyaa*
spaghetti	سباجتي *sbaagitee*
spices	توابل *tawaabil*
spinach	سبانخ *sabaanikh*
spirits	مشروبات كحولية *mashroobaat kuHooleeya*
spit-roasted meat	شاورمة *shaawarma*
squash	يقطين *yaqTeen*
squid	حبّار *Habbaar*

steak	ستيك	_steek_
strawberry	فراولة	_faraawala_
strawberry juice	عصير فريز	_'aSeer frayz_
stuffed vine leaves	ورق عنب	_waraq 'inab_
sugar	سكر	_sukkar_
sugar-cane juice	عصير قصب	_'aSeer qaSab_
sweet and sour sauce	صوص حلو وحامض	_SooS Hiloo wa-HaamiD_
sweet corn	حبوب الذرة	_Huboob adh-dhurra_
sweet hot milk pudding	أم علي	_umm 'alee_
sweet pastry	قطايف	_qaTaayif_
sweet pepper	فليفلة حلوة	_fulayfila Hilwa_
sweet potato	بطاطس حلوة	_baTaaTis Hilwa_
sweetener	محلي صناعي	_muHlee Sinaa'ee_
swordfish	سمك أبو سيف	_samak aboo sayf_
syrup	قطْر	_qaTr_
tahini paste	طحينة	_TaHeena_
tamarind juice	عصير تمر هندي	_'aseer tamr hindee_
tangerine	يوسفي	_yoosifee_
tarragon	طرخون	_Tarakhoon_
tea	شاي	_shay_
thyme	زعتر	_za'tar_
toast	خبز محمص	_khubz muHammaS_
tofu	توفو	_toofoo_
tomato	طماطم	_TamaaTim_
tomato soup	شوربة طماطم	_shoorbat TamaaTim_
tongue	لسان	_lisaan_
tonic water	مياه تونيك	_miyaah tooneek_
tripe	كرش	_karish_
trout	تروتة	_troota_
truffles	كمأة	_kamaa'a_
tuna	طون	_Toon_

turkey	ديك رومي	*deek roomee*
turnip	لِفت	*lift*
vanilla	فانيلا	*faaneelaa*
veal	لحم عجل	*laHm 'ijl*
vegetable	خضار	*khuDaar*
vegetable soup	شوربة خضار	*shoorba khuDaar*
venison	لحم غزال	*laHm ghazaal*
vermicelli cake	كنافة	*kunaafa*
vine leaves	ورق عنب	*waraq 'inab*
vinegar	خل	*khall*
vodka	فودكا	*foodkaa*
walnut	جوز	*jooz*
water	ماء	*maa'*
watercress	بقلة	*baqla*
watermelon	بطيخ	*baTeekh*
wheat	قمح	*qamH*
whole wheat bread [wholemeal bread]	عيش بلدي	*'aysh baladee*
wine	نبيذ	*nabeedh*
yogurt	لبن	*laban*
zucchini [courgette]	كوسا	*koosaa*

People

Conversation

ESSENTIAL

Hello!	السلام عليكم!
	as-salaam 'alaykum
Hi!	مرحبا! *marHaban*
How are you?	كيف الحال؟ *kayf al-Haal*
Fine, thanks.	بخير، الحمد لله.
	bi-khayr al-Hamdulillah
Excuse me!	لو سمحت! *law samaHt*
Do you speak English?	تتكلم إنكليزي؟
	tatakallam ingleezee
What's your name?	ما اسمك؟ *ma ismak*
My name is…	اسمي… *ismee…*
Nice to meet you.	تشرفنا. *tasharafnaa*
Where are you from?	من أين أنت؟ *min ayn anta*
I'm from the U.S./U.K.	أنا من أمريكا/بريطانيا.
	ana min amreekaa/breeTaaneeyaa
What do you do?	ماذا تعمل؟ *maadha ta'mal*
I work for…	أنا أعمل في… *ana a'mal fee…*
I'm a student.	أنا طالب/طالبة.
	ana Taalib **m** / *Taaliba* **f**
I'm retired.	أنا متقاعد/متقاعدة.
	ana mutaqaa'id **m**/*mutaqaa'ida* **f**
Do you like…?	هل تحب…؟ *hal tuHibb…*
Goodbye.	مع السلامة. *ma' as-salaama*
See you later.	إلى اللقاء. *ila al-liqaa'*

There are many different greetings in Arabic depending on the situation. As a tourist it is better to stick to one of the general greetings, such as السلام عليكم as-salaam 'alaykum "hello" or مرحبا marHaban "hi". The standard response to as-salaam 'alaykum is 'alaykum as-salaam وعليكم السلام

It's also customary to shake hands when meeting someone.

Language Difficulties

Do you speak English?	تتكلم إنكليزي؟ tatakallam ingleezee
Does anyone here speak English?	هل يتكلم أحد هنا إنكليزي؟ hal yatakallam aHad huna ingleezee
I don't speak (much) Arabic.	أنا لا أتكلم العربية (جيداً). ana laa atakallam al-'aarabeeya (jayidan)
Can you speak more slowly?	ممكن تتكلم ببطء؟ mumkin tatakallam bi-but'
Can you repeat that?	ممكن تعيد؟ mumkin tu'eed
Excuse me?	لو سمحت! law samaHt
Can you spell it?	كيف تُكتب؟ kayf tuktab
Please write it down.	اكتبها من فضلك. uktubha min fadlak
Can you translate this into English for me?	ممكن تترجم لي هذا إلى الانكليزي؟ mumkin tutarjim lee haza ila-ingleezee
What does this/that mean?	ماذا يعني هذا/ذاك؟ maaza ya'anee haza/zaalik
I understand.	فهمت. fahimtu
I don't understand.	لا أفهم. laa afham
Do you understand?	هل تفهم؟ hal tafham

YOU MAY HEAR...

أنا لا أتكلم إنكليزي جيداً.
ana la atakallam ingleezee jayyidan

أنا لا أتكلم إنكليزي. *ana la atakallam ingleezee*

I only speak a little English.

I don't speak English.

Making Friends

Hello!	السلام عليكم!	*as-salaam 'alaykum*
Hi!	مرحبا	*marHaban*
Good morning.	صباح الخير.	*SabaaH al-khayr*
Good afternoon.	مساء الخير.	*masaa' al-khayr*
Good evening.	مساء الخير.	*masaa' al-khayr*
My name is...	اسمي...	*ismee...*
What's your name?	ما اسمك؟	*maa ismak*
I'd like to introduce you to...	أحب أن أعرفك على...	*uHibb an u'arifak 'ala...*
Pleased to meet you.	تشرفنا.	*tasharafnaa*
How are you?	كيف الحال؟	*kayf al-Haal*
Fine, thanks. And you?	بخير، الحمد لله. وأنت؟	*bi-khayr al-Hamdulillah wa anta*

Arabic speakers usually have three names: their own first name, their father's first name and their family or last name. For example, the son of Mohammed Yousef Shaheen would be Ashraf Mohammed Shaheen. To be less formal, drop the middle name: Mohammed Shaheen/Ashraf Shaheen. Note that this also applies to women, who retain their family name after marriage rather than adopting their husband's. So, the daughter of Mohammed Yousef Shaheen would be Mona Mohammed Shaheen.

Travel Talk

I'm here...	أنا هنا...	*ana huna...*
on business	في رحلة عمل	*fee riHlat 'amal*
on vacation		
[holiday]	في إجازة	*fee ijaaza*
studying	للدراسة	*lid-diraasa*
I'm staying for...	أنا هنا لمدة ...	*ana huna li-muddat...*
I've been here...	أنا هنا منذ ...	*ana huna mundhu...*
a day	يوم	*yawm*
a week	أسبوع	*usboo'*
a month	شهر	*shahr*
Where are you from?	من أين أنت؟	*min ayn anta*
I'm from...	أنا من....	*ana min...*
Have you ever been to...?	هل سبق وزرت؟	*hal sabaqa wa zurta...*
Australia	أستراليا	*ustraaleeyaa*
Canada	كندا	*kanadaa*
Ireland	أيرلندا	*eerlandaa*
the U.K.	بريطانيا	*breeTaaneeyaa*
the U.S.	أمريكا	*amreekaa*

For Numbers, see page 167.

Personal

Who are you with?	مع من أنت؟	*ma' man anta*
I'm here alone.	أنا هنا وحدي.	*ana huna waHdee*
I'm with my...	أنا مع...	*ana ma'...*
husband/wife	زوجي/زوجتي	*zawjee/zawjatee*
boyfriend/girlfriend	صاحبي/صاحبتي	*SaaHibee/SaaHibatee*
friend/friends	صديق/أصدقاء	*Sadeeq/aSdiqaa'*
colleague/ colleagues	زميل/زملاء	*zameel/zumalaa'*
When's your birthday?	متى عيد ميلادك؟	*mata 'eed meelaadak*
How old are you?	كم عمرك؟	*kam 'umruk*
I'm...	عمري...	*'umree...*
Are you married?	هل أنت متزوج؟/هل أنت متزوجة؟	*hal anta mutazawwij* **m**/*hal anti mutazawwija* **f**
I'm...	أنا...	*ana...*
single	أعزب/عزباء	*a'azib* **m** /*a'aziba* **f**
in a relationship	مرتبط/مرتبطة	*murtabiT* **m**/*murtabiTa* **f**
engaged	خاطب/مخطوبة	*khaaTib* **m** /*makhTooba* **f**
married	متزوج/متزوجة	*mutazawwij* **m** /*mutazawwija* **f**
divorced	مطلق/مطلقة	*muTalaq* **m** /*muTalaqa* **f**
separated	منفصل/منفصلة	*munfaSil* **m** /*munfaSila* **f**
widowed	أرمل/أرملة	*armal* **m** /*armala* **f**
Do you have children/ grandchildren?	عندك أطفال/أحفاد؟	*'andak aTfaal/aHfaad*

Forms of address vary from one country to another. In general, men can be addressed as *ustaaz*, women as *madaam*, and younger unmarried women as *aanisa*.

Work & School

What do you do for a living?	ما هي مهنتك؟ *ma hiya mihnatak*
What are you studying?	ماذا تدرس؟ *maadha tadrus*
I'm studying...	أنا أدرس...*ana adrus...*
I...	أنا...*ana...*
work full-/part-time	أعمل بدوام كامل/دوام جزئي *a'mal bi-dawaam kaamil/dawaam juz'ee*
am unemployed	غير موظف/غير موظفة *ghayr muwaZZaf m /ghayr muwaZZafa f*
work at home	أعمل في البيت*a'mal fee il-bayt*
Who do you work for?	لحساب من تعمل؟ *li-Hisaabi man ta'mal*
I work for...	أعمل لحساب...*a'mal li-Hisaabi...*
Here's my business card.	هذه هي بطاقة العمل الخاصة بي. *haadha hiya biTaaqat al-'amal al-khaaSa bee*

For Business Travel, see page 141.

Weather

What's the forecast?	ما هي توقعات الطقس؟ *ma hiya tawqu'aat aT-Taqs*
What beautiful/terrible weather!	الطقس رائع/سيئ جداً! *aT-Taqs raa'i'/sayee' jiddan*
It's...	الطقس...*aT-Taqs...*
cool/warm	بارد قليلاً/دافئ *baarid qaleelan/daafi'*
cold/hot	بارد/حار *baarid/Haar*
rainy/sunny	ممطر/مشمس *mumTir/mushmis*
snowy/icy	ثلجي/جليدي *thaljee/jleedee*
Do I need a jacket/an umbrella?	هل أحتاج جاكيت/مظلة؟ *hal aHtaaj jakeet/miZalla*

For Temperature, see page 173.

Romance

ESSENTIAL

Would you like to go out for a drink/dinner?	هل تريد الذهاب إلى البار/لتناول العشاء؟ *hal tureed adh-dhahaab ila al-baar/ li-tanaawul al-'ashaa'*
What are your plans for tonight/tomorrow?	ما خططك لليلة/للغد؟ *ma khuTuTak lil-layla/lil-ghad*
Can I have your (phone) number?	ممكن آخذ رقمك؟ *mumkin aakhudh raqmak*
Can I join you?	ممكن أنضم لك؟ *mumkin anDam lak*
Can I buy you a drink?	هل تحب أن تشرب شيء؟ *hal tuHibb an tashrab shay*
I like you.	أنا معجب بك. *ana mu'ajab* **m** *beeki* **f**
	أنا معجبة بك. *ana mu'ajaba* **f** *beeka* **m**
I love you.	أنا أحبك. *ana uHibbuki* **m**
	أنا أحبك. *ana uHibbuka* **f**

The Dating Game

Would you like to go out...?	هل تريد الخروج...؟ *hal tureed al-khurooj...*
for coffee	لتناول القهوة *li-tanaawil al-qahwa*
for a drink	لتناول مشروب *li-tanaawil mashroob*
to dinner	لتناول العشاء *li-tanaawil al-'ashaa'*
What are your plans for...?	ما خططك لـ...؟ *ma khuTuTak li-...*
today	اليوم *al-yawm*
tonight	الليلة *al-layla*
tomorrow	الغد *al-ghad*
this weekend	عطلة نهاية الأسبوع *'uTla nihaayat al-usboo'*

Where would you like to go?	أين تحب أن تذهب؟ *ayn tuHibb an tadh-hab*
I'd like to go to...	أريد أن أذهب إلى... *ureed an adh-hab ila...*
Do you like...?	هل تحب...؟ *hal tuHibb...*
Can I have your phone number/ email?	ممكن آخذ رقم تلفونك/عنوانك الالكتروني؟ *mumkin aakhudh raqm tilifoonak/'unwaanak al-iliktroonee*
Are you on Facebook/ Twitter?	هل لديك حساب على فيسبوك/تويتر؟ *hal ladayk Hisaab 'ala feesbook/tweetir*
Can I join you?	ممكن أنضم لك؟ *mumkin anDam lak*
You're very attractive.	أنت جذاب جداً. *anta jadhaab jiddan*
Let's go somewhere quieter.	خلينا نذهب إلى مكان أهدأ. *khalaynaa nadh-hab ila makaan ahdaa'*

For Communications, see page 48.

Accepting & Rejecting

I'd love to.	يسرني ذلك. *yasirnee dhaalik*
Where should we meet?	أين نلتقي؟ *ayn naltaqee*
I'll meet you at the bar/your hotel.	ألاقيك في البار/فندقك. *ulaaqeek fee il-baar/fee funduqik*
I'll come by at...	سآتي في الساعة... *sa-atee fee as-saa'a...*
I'm busy.	أنا مشغول/مشغولة *ana mashghool **m**/mashghoola **f***
I'm not interested.	لست مهتما. *lastu muhtamman*
Leave me alone.	أتركني وحدي. *utruknee waHdee*
Stop bothering me!	توقف عن إزعاجي! *tawaqqaf 'an iz'aajee*

For Time, see page 169.

Getting Intimate

Can I hug/kiss you?	ممكن أعانقك/أبوسك؟
	mumkin u'aaniqak/aboosak
Yes.	نعم. *na'am*
No.	لا. *la*
Stop!	توقف! *tawaqqaf*
I like you.	أنا معجبة بك. *ana mu'ajaba f beeka m*
	أنا معجب بكِ. *ana mu'ajab m beeki f*
I love you.	أنا أحبك. *ana uHibbuka f*
	أنا أحبكِ. *ana uHibbuki m*

Sexual Preferences

Are you gay?	هل أنت مثلي جنسياً؟ *hal anta mithlee jinseeyan*
I'm...	أنا... *ana...*
heterosexual	مغاير الجنس *mughaayer al-jins*
homosexual	مثلي الجنس *mithlee al-jins*
bisexual	مزدوج الجنس *muzdawwaj al-jins*
Do you like men/ women?	هل تحب الرجال/النساء؟ *hal tuHibb ar-rijaal/an-nisaa'*

Leisure Time

Sightseeing

ESSENTIAL

Where's the tourist information office?	أين مكتب الاستعلامات السياحية؟
	ayn maktab al-ista'laamaat as-seeyaaHeeya
What are the main attractions?	ما هي المعالم الرئيسية؟
	ma hiya al-ma'aalim ar-ra'eeseeya
Do you offer tours in English?	عندكم جولات سياحية بالإنكليزي؟
	'andakum jawlaat seeyaaHeeya bil-ingleezee
Can I have a map/ guide?	ممكن تعطيني خريطة/كتاب عن المكان؟
	mumkin tu'Teenee khareeTa/kitaab 'an al-makaan

Tourist Information

Do you have information on...?	عندكم معلومات عن...؟
	'andakum ma'loomaat 'an...
Can you recommend...?	ممكن تنصحني بـ...؟
	mumkin tanSaHnee bi...
a bus tour	جولة بالباص *jawla bil-baaS*
an excursion to...	رحلة إلى... *riHla ila...*
a tour of...	جولة تشمل... *jawla tashmal...*

Travel agents and tour operators are a good place to find out about local attractions and available tours. You may also find magazines in supermarkets and shopping malls with listings of events, attractions and tour operators in English.

On Tour

I'd like to go on the excursion to...	أريد أن أذهب في جولة إلى... *ureed an adh-hab fee jawlat ila...*
When's the next tour?	متى الجولة القادمة؟ *mata al-jawlat al-qaadima*
Are there tours in English?	هل هناك جولات بالإنكليزي؟ *hal hunaak jawlaat bil-ingleezee*
Is there an English guide book/audio guide?	هل هناك كتيب إرشادي/دليل صوتي مسجل باللغة الإنجليزية؟ *hal hunaak kateeb irshaadee/daleel Sawtee misjal bil-lughat al-ingleezeeya*
What time do we leave/return?	متى ننطلق/نعود؟ *mata nanTaliq/na'ood*
We'd like to see...	نريد أن نرى... *nureed an nara...*
Can we stop here...?	ممكن نتوقف هنا...؟ *mumkin natawaqqaf huna...*
to take photos	للتصوير *lit-taSweer*
for souvenirs	لشراء الهدايا التذكارية *li-shiraa'*
for the toilets	للذهاب إلى التواليت *lidh-dhihaab ila at-toowaaleet*
Is it disabled-accessible?	هل المكان مجهز لاستقبال المعاقين؟ *hal al-makaan mujahhaz li-istiqbaal al-mu'aaqeen*

For Tickets, see page 19.

Seeing the Sights

Where's the...?	أين...؟ *ayn...*
botanical garden	حديقة النباتات *Hadeeqat an-nabaataat*
castle	القلعة *al-qal'a*
downtown area	مركز المدينة *markaz al-madeena*
library	المكتبة *al-maktaba*
market	السوق *as-sooq*
museum	المتحف *al-matHaf*
old town	المدينة القديمة *al-madeenat al-qadeema*
palace	القصر *al-qaSr*
park	الحديقة العامة *al-Hadeeqat al-'aama*
parliament building	مبنى البرلمان *mabna al-barlamaan*
ruins	الآثار *al-aathaar*
shopping area	منطقة التسوق *manTaqat at-tasawwuq*
town hall	البلدية *al-baladeeya*
town square	ساحة المدينة *saaHat al-madeena*
Can you show me on he map?	ممكن تريني على الخريطة؟ *mumkin tureenee 'ala al-khareeTa*

It's...	...إنه innahu...
amazing	مدهش mud-hish
beautiful	جميل jameel
boring	ممل mumill
interesting	مثير للاهتمام mutheer lil-ihtimaam
magnificent	جميل جداً jameel jiddan
romantic	رومانسي roomaansee
strange	غريب ghareeb
stunning	مذهل mudh-hil
terrible	فظيع faZee'
ugly	بشع bashi'
I (don't) like it.	(لا) أحبه. (la) uHibbhu

For Asking Directions, see page 30.

Religious Sites

Where's...?	أين...؟ *ayn...*
the Catholic/	الكنيسة الكاثوليكية/البروتستانتية
Protestant church	*al-kaneesa al-kathooleekeeya/ al-brootistaanteeya*
the mosque	الجامع *al-jaami'a*
the shrine	المزار *al-mazaar*
the temple	المعبد *al-ma'bad*
What time is the	متى يقام القداس/تقام الصلاة؟
service/prayer?	*mata yuqaam al-qudaas/tuqaam aS-Salaat*

The Arab world is predominantly Muslim. Muslims pray five times a day and gather in mosques for Friday prayers. Non-Muslims may not always be allowed to enter mosques. If allowed, remove your shoes, cover your legs and arms and women should cover their hair.

Shopping

ESSENTIAL

Where's the market / mall?	أين السوق/المركز التجاري؟
	ayn as-sooq/al-markaz at-tijaaree
I'm just looking.	أنا أتفرج فقط.
	ana atafaraj faqaT
Can you help me?	ممكن تساعدني؟
	mumkin tusaa'idnee
I'm being helped.	هناك من يساعدني.
	hunaak man yusaa'idnee
How much?	كم سعره؟ *kam si'rhu*
That one, please.	ذلك من فضلك.
	dhaalik min faDlak
That's all.	هذا كل شيء. *haadha kul shay*
Where can I pay?	أين أدفع؟ *ayn adfa'*
I'll pay in cash/by credit card.	سأدفع كاش/ببطاقة الائتمان.
	sa-adfa' kaash/bi-biTaaqat al-i'timaan
A receipt, please.	إيصال من فضلك.
	eeSaal min faDlak

Store opening hours will vary from country to country but many will close in the middle of the day and re-open later in the afternoon. Opening times also vary seasonally and particularly during Ramadan. All outlets are generally closed on a Friday, and this can extend to Saturday in some countries.

At the Shops

Where's...?	أين...؟ *ayn...*
the antiques store	محل الأنتيكات *maHal al-anteekaat*
the bakery	المخبز *al-makhbaz*
the bank	البنك *al-bank*
the bookstore	المكتبة *al-maktaba*
the camera store	محل الكاميرات *maHal al-kaameeraat*
the clothing store	محل الملابس *maHal al-malaabis*
the gift shop	محل الهدايا التذكارية *maHal al-hadaayaa at-tidhkaareeya*
the health food store	محل الأطعمة الصحية *maHal al-aTʻimat aS-SiHeeya*
the jeweler	محل المجوهرات *maHal al-mujawharaat*
the liquor store [off-licence]	محل المشروبات الكحولية *maHal al-mashroobaat al-kuHooleeya*
the market	السوق *as-sooq*
the music store	محل السيديات *maHal as-seedeeyaat*
the pastry shop	محل الحلويات *maHal al-Hilweeyaat*
the pharmacy [chemist]	الصيدلية *aS-Saydleeya*

the produce [grocery] store	محل الخضار *maHal al-khuDaar*
the shoe store	محل الأحذية *maHal al-aHdheeya*
the souvenir store	محل الهدايا التذكارية *maHal al-hadaayaa at-tidhkaareeya*
the supermarket	السوبر ماركت *as-soobar maarkit*
the tobacconist	كشك الجرائد *kushk al-jaraa'id*
the toy store	محل ألعاب الأطفال *maHal al-'aab al-aTfaal*

Ask an Assistant

When do you open /close?	متى تفتحون/تغلقون؟ *mata taftaHoon/taghliqoon*
Where's...?	أين...؟ *ayn...*
the cashier	المحاسب *al-muHaasib*
the escalator	السلالم الكهربائية *as-salaalim al-kahrabaa'eeya*
the elevator [lift]	المصعد *al-miS'ad*
the fitting room	غرفة القياس *ghurfat al-qeeyaas*
the store directory	دليل المحلات التجارية *daleel al-maHalaat at-tijaareeya*
Can you help me?	ممكن تساعدني؟ *mumkin tusaa'idnee*
I'm just looking.	أنا أتفرج فقط. *ana atafarraj faqaT*
I'm being helped.	هناك من يساعدني. *hunaak man yusaa'idnee*
Do you have...?	عندكم...؟ *'andakum...*
Can you show me...?	ممكن تريني...؟ *mumkin tureenee...*
Can you ship/wrap it?	ممكن ترسله بالبريد/تلفه؟ *mumkin tursilhu bil-bareed/talifhu*
How much?	كم سعره؟ *kam si'rhu*
That's all.	هذا كل شيء. *haadha kul shay*

For Souvenirs, see page 128.

YOU MAY HEAR...

ممكن أساعدك؟ *mumkin usaa'idak*	Can I help you?
لحظة. *laHZa*	One moment.
ماذا تريد؟ *maadha tureed*	What would you like?
أي شيء آخر؟ *ay shay aakhar*	Anything else?

YOU MAY SEE...

مفتوح	open
مغلق	closed
مغلق لفترة الغذاء	closed for lunch
غرفة القياس	fitting room
المحاسب	cashier
كاش فقط	cash only
تُقبل بطاقات الائتمان	credit cards accepted
أوقات العمل	business hours
مخرج	exit

Personal Preferences

I'd like something...	أريد شيء...	ureed shay...
cheap/expensive	رخيص/غالي	rakheeS/ghaalee
larger/smaller	أكبر/أصغر	akbar/aSghar
nicer	أجمل	ajmal
from this region	من هذه المنطقة	min haadhihi il-manTiqa
Around...	في حدود...	fee Hudood...
Is it real?	هل هو أصلي؟	hal huwa aSlee
Can you show me this/that?	ممكن تريني هذا/ذلك؟	mumkin tureenee haadha/dhaalik

YOU MAY HEAR...

كيف ستدفع؟ kayf sa-tadfa'

تم رفض بطاقتك.
tumma rafaD biTaaqatak

هويتك الشخصية من فضلك.
haweeyatak ash-shakhSeeya min faDlak

لا نقبل بطاقات الائتمان.
laa naqbal biTaaqaat al-i'timaan

كاش فقط من فضلك. kaash faqaT min faDlak

عندكم صرافة/أوراق نقدية من الفئات الصغيرة؟
'andakum Saraafa/awraaq naqdeeya min al-fi'aat aS-Sagheera

How are you paying?
Your credit card has been declined.
ID please.

We don't accept credit cards.
Cash only, please.
Do you have change/ small bills [notes]?

Paying & Bargaining

How much?	كم سعره؟	kam si'rhu
I'll pay...	سأدفع...	sa-adfa'...
in cash	كاش	kaash
by credit card	ببطاقة الائتمان	bi-biTaaqat al-i'timaan

by traveler's check [cheque]	بشيك سياحي	bi-sheek seeyaaHee
A receipt, please.	إيصال من فضلك.	eeSaal min faDlak
That's too much.	هذا كثير.	haadha katheer
I'll give you...	سأعطيك...	sa-u'Teek...
I have only...	عندي فقط...	'andee faqaT...
Is that your best price?	هذا أحسن سعر عندك؟	haadha aHsan si'r 'andak
Can you give me a discount?	ممكن تعمل لي خصم؟	mumkin ta'mal lee khaSm

For Numbers, see page 167.

Despite the myriad malls and international stores, that accept cash and credit cards galore, the most interesting items can often only be found in local markets سوق sooq. These sell everything from perfumes and spices to gold and carpets. You will be expected to bargain as it is part of the culture and indeed the fun, but be careful not to overdo it by making an insulting offer that is too low.

Making a Complaint

I'd like...	...أريد ureed...
to exchange this	أن أبدل هذا an ubaddil haadha
a refund	أن أسترد نقودي an astarid nuqoodee
to see the manager	أن أتكلم مع المدير an atakallam ma' al-mudeer

Services

Can you recommend...?	ممكن تنصحني بـ...؟ mumkin tanSaHnee bi-...
a barber	حلاق رجالي Halaaq rijaalee
a dry cleaner	محل تنظيف ألبسة maHal tanZeef albisa
a hairstylist	كوافير koowaafeer
a laundromat [launderette]	محل تنظيف ألبسة بخدمة ذاتية ma-Hal tanZeef albisa bi-khidma dhaateeya
a nail salon	صالون تجميل Saloon tajmeel
a spa	سبا spa
a travel agency	مكتب سياحة و سفر maktab seeyaaHa wa safar
Can you...this?	ممكن...هذا؟ mumkin... haadha
alter	تعدل tu'addil
clean	تنظف tunaZZif
fix [mend]	تصلح tuSalliH
press	تكبس tikbis
When will it be ready?	متى يكون جاهز؟ mata yakoon jaahiz

Hair & Beauty

I'd like...	...أريد ureed...
an appointment for today/tomorrow	موعد لليوم/للغد maw'id lil-yawm/lil-ghad
some color /highlights	صبغة/هاي لايت Sabgha/haay laayt
my hair styled	تسريحة/سشوار

/blow-dried	*tasreeHa/sishwaar*
a haircut	قصة شعر *qaSSa sha'r*
a trim	تطريف شعر *taTreef sha'r*
Not too short.	ليس قصير جداً.
	laysa qaSeer jiddan
Shorter here.	أقصر هنا. *aqSar huna*
an eyebrow/	شمع للحواجب/البكيني
bikini wax	*shama' lil-Hoowaajib/al-bikeenee*
a facial	للوجه *lil-wajah*
a manicure	عناية بالأظافر/القدمين
/pedicure	*anaaya bil-iZaafir/il-qadameen*
a (sports) massage	تدليك (رياضي)
	tadleelak (reeyaaDee)
Do you offer...?	هل تقدمون...؟ *hal tuqaddamoon...*
acupuncture	علاج بالإبر الصينية
	'ilaaj bil-ibar aS-Seeneeya
aromatherapy	علاج بالروائح العطرية
	'ilaaj bir-roowaa'iH al-'aTreeya
oxygen	أكسجين *uksijeen*
a sauna	ساونا *saawnaa saawnaa*
a hamman	حمام تركي *Hamaam turkee*

Hammans are a popular and traditional way of relaxing and catching up with friends, and of achieving smooth, glowing skin. Rituals vary depending on the venue but they generally combine these key elements: cleansing the skin with black soap (provided on site), relaxing in a warm room (there is sometimes an additional steam room) to open the pores, a session of vigorous exfoliation, and a cold rinse to cleanse the body and close pores. Men and women bathe separately.

Antiques

How old is it?	ما عمره؟ *ma 'umruhu*
Do you have anything from the. . .period?	عندكم أي شيء من العهد. . .؟ *'andakum ay shay min al-'ahd. . .*
Do I have to fill out any forms?	لازم أملأ أي استمارات؟ *laazim amlaa' ay istimaaraat*
Is there a certificate of authenticity?	هل هناك شهادة تثبت أنه أصلي؟ *hal hunaak shahaada tuthbit anhu aSlee*
Can you ship/ wrap it?	ممكن ترسله بالبريد/تلفه؟ *mumkin tursilhu bil-bareed/talifhu*

Clothing

I'd like. . .	أريدة *ureed. . .*
Can I try this on?	ممكن أجرب هذا؟ *mumkin ujarrib haadha*
It doesn't fit.	هذا ليس قياسي. *haadha laysa qeeyaasee*
It's too. . .	هو. . .جداً. *huwa. . . jiddan*
big/small	كبير/صغير *kabeer/Sagheer*
short/long	قصير/طويل *qaSeer/Taweel*
tight/loose	ضيق/واسع *Dayyiq/waasi'*

Do you have this in size...?	عندكم قياس...من هذا؟
	andakum qeeyaas... min haadha
Do you have this in a bigger/ smaller size?	عندكم قياس أكبر/أصغر من هذا؟
	'andakum qeeyaas akbar/aSghar min haadha

For Numbers, see page 167.

YOU MAY HEAR...

هذا يبدو رائعاً عليك.	That looks great on you.
haadha yabdoo raa'i'aa 'alayk	
هل القياس مناسب؟ *hal al-qeeyaas munaasib*	How does it fit?
ليس عندنا قياسك. *laysa 'andna qeeyaasak*	We don't have your size.

YOU MAY SEE...

رجالي	men's
نسائي	women's
للأطفال	children's

Colors

I'd like something...	أريد شيء...	*ureed shay...*
beige	بيج	*bayj*
black	أسود	*aswad*
blue	أزرق	*azraq*
brown	بني	*bunnee*
green	أخضر	*akhDar*
gray	رمادي	*ramaadee*
orange	برتقالي	*burtuqaalee*
pink	زهري	*zahree*
purple	بنفسجي	*banafsajee*
red	أحمر	*aHmar*
white	أبيض	*abyaD*
yellow	أصفر	*aSfar*

Clothes & Accessories

abayah	عباية	*'abaaya*
a burkha	برقع	*burqu'a*
backpack	حقيبة ظهر	*Haqeeba Zuhr*
belt	حزام	*Hizaam*
a bikini	بيكيني	*beekeenee*
blouse	بلوزة	*blooza*
bra	حمالة صدر	*Hamaala Sadr*
briefs [underpants]	سروال داخلي	*sirwaal daakhilee*
burkini	بوركيني	*boorkeenee*
coat	معطف	*mi'Taf*
dress	فستان	*fustaan*
fez	طربوش	*Tarboosh*
ghutrah / keffiyeh	غطرة / كوفية	*ghuTra/koofeeya*
hat	قبعة	*qub'a*
headscarf	إيشارب	*eeshaarib*
hijab	الحجاب	*hijaab*

jacket	جاكيت *jaakeet*
jeans	بنطلون جينز *banTaloon jeenz*
niqab	نقاب *niqaab*
pajamas	بيجامة *beejaama*
pants [trousers]	بنطلون *banTaloon*
pantyhose [tights]	كولون *kooloon*
purse [handbag]	حقيبة يد *Haqeeba yad*
raincoat	معطف للمطر *mi'Taf lil-maTar*
robe	جلابية *jalaabeeya*
scarf	لفاح *lifaaH*
shirt	قميص *qameeS*
shorts	شورت *shoort*
skirt	تنورة *tanoora*
socks	جرابات *juraabaat*
suit	طقم *Taqm*
sunglasses	نظارة شمسية *naZaara shamseeya*
sweater	كنزة صوف *kanza Soof*
swimsuit	مايوه *maayooh*
T-shirt	تي شيرت *tee sheert*
thobe	ثوب *thawb*
tie	كرافيت *krafeet*
underwear	ملابس داخلية *malaabis dakhileeya*

Fabric

I'd like...	أريد... *ureed...*
cotton	قطن *quTn*
denim	جينز *jeenz*
lace	تخريم *takhreem*
leather	جلد *jild*
linen	كتان *kataan*
silk	حرير *Hareer*
wool	صوف *Soof*
Is it machine washable?	هل يمكن غسله في الغسالة؟ *hal yumkin ghasalhu fee il-ghasaala*

Shoes

I'd like...	أريد... *ureed...*
high-heels/flats	كعب عالي/زحف *ka'ab 'aalee/zaHf*
boots	جزمة *jazma*
loafers	موكاسان *mookaasaan*
sandals	صندل *Sandal*
shoes	حذاء *Hidhaa'*
slippers	شبشب *shibshib*
sneakers	حذاء رياضة *Hidhaa' reeyaaDa*
Size...	نمرة... *numra...*

For Numbers, see page 167.

Sizes

small (S)	صغير *Sagheer*
medium (M)	متوسط *mutawassiT*
large (L)	كبير *kabeer*
extra large (XL)	كبير جداً *kabeer jiddan*
petite	صغير جداً *Sagheer jiddan*
plus size	قياسات أكبر *qiyaasaat akbar*

Newsagent & Tobacconist

Do you sell English-language newspapers?	عندكم جرائد بالإنكليزي؟	*'andakum jaraa'id bil-ingleezee*
I'd like...	أريد...	*ureed...*
candy [sweets]	سكاكر	*sakaakir*
chewing gum	علكة	*'ilka*
a chocolate bar	لوح شوكلاتة	*looH shookulaata*
a cigar	سيجار	*seegaar*
a pack/carton of cigarettes	باكيت/كروز سجائر	*baakeet/krooz sijaa'ir*
a lighter	ولاعة	*walaa'a*

Larger newsstands usually carry English-language newspapers and magazines, although they may be more expensive than at home and be a few days old. Censorship is also heavily in effect and any images or text deemed to be offensive or suggestive usually result in the page being removed or the offending part being blacked out with a marker pen. This is commonplace and should be accepted as part of the local culture.

a magazine	مجلة *majalla*
matches	كبريت *kibreet*
a newspaper	جريدة *jareeda*
a pen	قلم *qalam*
a postcard	كرت بوستال *kart boostaal*
a road/town map of...	خريطة طرق/مدينة... *khareeTa Turuq/madeena...*
stamps	طوابع *tawaabi'*

Photography

I'd like...camera.	أريد كاميرا... *ureed kaameeraa...*
an automatic	أوتوماتيكية *awtoomaateekeeya*
a digital	دجيتال *dijeetaal*
a disposable	للاستعمال مرة واحدة *lil-isti'maal marra waaHida*
I'd like...	أريد... *ureed...*
a battery	بطارية *baTaareeya*
digital prints	صور دجيتال *Suwwar dijeetaal*
a memory card	كرت ذاكرة *kart dhaakira*
Can I print digital photos here?	ممكن أطبع صور دجيتال هنا؟ *mumkin aTba' Suwwar dijeetaal huna*

Souvenirs

a book	كتاب *kitaab*
a box of chocolates	علبة شوكلاتة *'ulba shookulaata*
a doll	دمية *dumya*
some jewelry	بعض المجوهرات *ba'aD al-mujawharaat*
a key ring	حمالة مفاتيح *Hamaala mafaateeH*
a postcard	كرت بوستال *kart boostaal*
some pottery	بعض الفخار *ba'aD al-fikhaar*
a T-shirt	تي شيرت *tee sheert*
a toy	لعبة أطفال *lu'bat aTfaal*
traditional coffee pot	دلة قهوة تقليدية *dalla qahwa taqleedeeya*

Can I see this/that?	ممكن أشوف هذا/ذلك؟ *mumkin ashoof haadha/dhaalik*
It's in the window/	هو في واجهة المحل/الفترينا.
display case.	*huwa fee waajihat al-maHal/al-fitreenaa*
I'd like...	أريد.... *ureed...*
a battery	بطارية *baTaareeya*
a bracelet	سوار *siwaar*
a brooch	بروش *broosh*
a clock	ساعة حائطية *saa'a Haa'iTeeya*
earrings	حلق *Halaq*
a necklace	عقد *'uqd*
a ring	خاتم *khaatim*
a watch	ساعة يد *saa'a yad*
I'd like...	أريد.... *ureed...*
copper	نحاس *nuHaas*
crystal	كريستال *kreestaal*
diamonds	ألماس *almaas*
white/yellow gold	ذهب أبيض/أصفر *dhahab abyaD/aSfar*
pearls	لؤلؤ *loo'loo'*
pewter	قصدير *qaSdeer*
platinum	بلاتين *blaateen*
sterling silver	فضة *fiDDa*
Is this real?	هل هذا حقيقي؟ *hal haadha Haqeeqee*
Can you engrave it?	ممكن تنقش عليه؟ *mumkin tunqush alayhi*

Souvenirs can be found at the local markets سوق *sooq* and bargaining is the name of the game here. Gold, silver, rugs, traditional coffee pots and ornamental objects are easily found, with competing stalls and shops a few feet from one another.

Sport & Leisure

ESSENTIAL

When's the game/ match?	متى اللعبة؟
	mata al-lu'ba
Where's...?	أين...؟ *ayn...*
the beach	الشاطئ *ash-shaaTee'*
the park	الحديقة العامة *al-Hadeeqat al-'aama*
the pool	المسبح *al-masbaH*
Is it safe to swim here?	هل هذا آمن للسباحة؟ *hal haadha aamin lis-sibaaHa*
Can I rent [hire] golf clubs?	ممكن أستأجر مضارب غولف؟ *mumkin asta'ajir maDaarib golf*
How much per hour?	كم في الساعة؟ *kam fee is-saa'a*
How far is it to...?	كم بعيد...؟ *kam ba'eed...*
Show me on the map, please.	ممكن تريني على الخريطة؟ *mumkin tureenee 'ala al-khareeTa*

Watching Sport

When's...game/ match?	متى لعبة...؟ *mata lu'ba...*
the basketball	كرة السلة *kurrat as-silla*
the boxing	الملاكمة *al-mulaakama*
the camel racing	سباق الجمال *sibaaq al-jamaal*
the falconry	الضيد بالصقور *aS-Sayd biS-Suqoor*
the golf	الغولف *al-golf*
the horse racing	سباق الخيل *sibaaq al-khayl*
When's...game/ match?	متى لعبة...؟ *mata lu'ba...*
the soccer [football]	كرة القدم *kurrat al-qadam*
the tennis	التنس *at-tinnis*
the volleyball	الكرة الطائرة *al-kurrat aT-Taa'ira*

Who's playing?	من يلعب؟ man yal'ab
Where's the racetrack/stadium?	أين مضمار السباق/الملعب؟ ayn miDmaar as-sibaaq/al-mal'ab

For Tickets, see page 19.

> Betting is illegal and is regarded as a sin in Islam.

Playing Sport

Where is/are...?	أين...؟ ayn...
the golf course	أرض الغولف arD al-golf
the gym	النادي الرياضي an-naadee ar-reeyaaDee
the park	الحديقة العامة al-Hadeeqat al-'aama
the tennis courts	ملاعب التنس malaa'ib at-tinnis
How much per...?	كم الحساب في...؟ kam al-Hisaab fee...
day	اليوم al-yawm
hour	الساعة as-saa'a
game	اللعبة al-lu'ba
round	الجولة al-jawla

Can I rent [hire]...?	mumkin asta'ajir... ممكن أستأجر...؟
clubs	maDaarib golf مضارب غولف
equipment	mu'iddaat معدات
a racket	miDrab مضرب

At the Beach/Pool

Where's the beach/ pool?	ayn ash-shaaTee'/al-masbaH أين الشاطئ/المسبح؟
Is there...?	hal hunaak... هل هناك...؟
a kiddie [paddling] pool	masbaH lil-aTfaal مسبح للأطفال
an indoor/ outdoor pool	masbaH masqoof/makshoof مسبح مسقوف/مكشوف
a lifeguard	munqidh منقذ
Is it safe...?	hal haadha aamin li... هل هذا آمن لـ...؟
to swim	as-sibaaHa السباحة
to dive	al-ghaTs الغطس
for children	al-aTfaal الأطفال
I'd like to rent [hire]...	ureed an asta'ajir... أريد أن أستأجر...؟
a deck chair	kursee lish-shaaTee' كرسي للشاطئ
diving equipment	mu'iddaat lil-ghawS معدات الغوص
a jet ski	jet-ski جت سكي

a motorboat	زورق	*zawraq*
a rowboat	قارب للتجذيف	*qaarib lit-tajdheef*
snorkeling	سنوركل	
equipment		*snorkel*
a surfboard	لوح لركوب الأمواج	*looH li-rukoob al-amwaaj*
a towel	منشفة	*minshafa*
an umbrella	مظلة	*maZalla*
water skis	ألواح للتزحلق على الماء	
		alwaaH lit-tazaHluq 'ala al-maa'
a windsurfer	لوح شراعي	*looH shiraa'ee*
For...hours.	لمدة...ساعات.	*li-mudda...saa'aat*

The Arab world is soccer-crazy and matches are usually held on
a Friday. Basketball, volleyball and squash are also popular. Camel
racing and falconry are popular in some countries such as the UAE,
as well as dune driving and sand boarding. Arab horses are famous the
world over, and the desert is a wonderful place to ride in the cooler
temperatures of the early mornings and before sunset. Horses and
lessons can be arranged by the hour or day.

Winter Sports

A lift pass for a day/ two days please.	تصريح ركوب ليوم/يومين من فضلك. *taSreeH rukoob li-yawm/yawmayn min faDlak*
I'd like to hire…	أريد استئجار… *ureed isti'jaar*
boots	حذاء برقبة طويلة *Hadhaa' bi-ruqba Taweela*
a helmet	خوذة *khoodha*
poles	عصيّ *aSee'*
skis	زلاجات *zalaajaat*
a snowboard	لوح تزلج على الجليد *looH tazlaj 'ala al-jaleed*
snowshoes	أحذية تزلج *iHdheeya tazlaj*
These are too big/ small.	إن مقاسها كبير/صغير للغاية. *inna muqaasihaa kabeer/Sagheer lil-ghaaya*
Are there lessons?	هل توجد دروس تعليمية؟ *hal toojad duroos ta'leemeeya*
I'm a beginner.	أنا مبتدئ. *ana mubtadee*
I'm experienced.	لدي خبرة. *liday khabra*
A trail map, please.	خريطة طريق، من فضلك *khareeTa Tareeq min faDlak*

YOU MAY SEE…

مصاعد	lifts
مصعد للمتزلجين	drag lift
تليفريك	cable car
مصعد كراسي	chair lift
مبتدئ تماماً	novice
مستوى متوسط	intermediate
خبير	expert
مسار [التزلج] مغلق	trail [piste] closed

134

Winter sports are limited in most Arab countries due to the desert climate and extreme temperatures experienced almost year-round in many places. Man-made ski centres such as Ski Dubai offer the full package with clothing and equipment hire and natural resorts exist in the Lebanon and Syria.

Out in the Country

Can I have a map of ..., please?	ممكن خريطة لـ...من فضلك؟	mumkin khareeTa li-.... min faDlak
this region	هذه المنطقة	haadhihi il-manTaqa
the walking routes	طرق السير	Turuq as-sayr
the bike routes	طرق الدراجات	Turuq ad-daraajaat
the trails	الممرات	al-mamaraat
Is it...?	هل هو...؟	hal huwa...
easy	سهل	sahil
difficult	صعب	sa'b
far	بعيد	ba'eed
steep	شديد الانحدار	shadeed al-inHidaar
How far is it to...?	كم بعيد...؟	kam ba'eed...
Show me on the map, please.	ممكن تريني على الخريطة، من فضلك؟	mumkin tureenee 'ala al-khareeTa min faDlak
I'm lost.	أنا تهت.	ana tuhtu
Where's...?	أين...؟	ayn...
the bridge	الجسر	al-jisr
the camel farm	مزرعة للإبل	mazra'a lil-ibil
the cave	الكهف	al-kahf
the cliff	المنحدر	al-munHadar
the desert	الصحراء	aS-SaHraa'
the farm	المزرعة	al-mazra'a

the hill	التل	al-till
the lake	البحيرة	al-buHayra
the mountain	الجبل	al-jabal
Where's...?	أين...؟	ayn...
the nature preserve	المحمية الطبيعية	
		al-maHmeeya aT-Tabee'eeya
the olive grove	بستان الزيتون	bustaan az-zaytoon
the overlook [viewpoint]	الإطلالة	al-iTlaala
the park	الحديقة العامة	al-Hadeeqat al-'aama
the path	الممر	al-mamar
the peak	القمة	al-qimma
the picnic area	منطقة النزهات	manTaqat an-nuzhaat
the pond	البركة	al-baraka
the river	النهر	an-nahar
the sand dunes	الكثبان الرملية	l-kathbaan ar-ramleeya
the sea	البحر	al-baHr
the stables	الإسطبلات	al-isTablaat
the stream	الجدول	al-jadwal
the valley/ wadi	الوادي	al-waadee

Going Out

ESSENTIAL

What's there to do at night?	ماذا يمكننا أن نفعل في المساء؟ maadha yum-kininaa an naf'al fee il-masaa'
Do you have a program of events?	عندك برنامج الأنشطة 'andak barnaamij al-anshiTa
What's playing tonight?	ماذا يُعرَض الليلة؟ maadha yu'arrad al-layla
Where's...?	أين...؟ ayn...
the downtown area	مركز المدينة markaz al-madeena
the bar	البار al-baar
the dance club	النادي الليلي an-naadee al-laylee
Is there a cover charge?	هل هناك رسم للخدمة؟ hal hunaak rasm lil-khidma

Entertainment

Can you recommend...?	ممكن تنصحني بـ...؟ mumkin tanSaHnee bi...
a concert	حفلة موسيقية Hafla mooseeqeeya
a movie	فيلم feelm
an opera	عرض أوبرا 'arD oobira
a play	مسرحية masraHeeya
When does it start/end?	متى يبدأ/ينتهي؟ mata yabda'/yantahee
Where's...?	أين...؟ ayn...
the concert hall	قاعة الحفلات الموسيقية qaa'at al-Haflaat al-mooseeqeeya

the opera house	دار الأوبرا *daar al-oobira*
the theater	المسرح *al-masraH*
What's the dress code?	لازم نرتدي لباس معين؟
	aazim nartadee libaas mu'ayyan
I like...	أنا أحب... *ana uHibb...*
classical music	الموسيقى الكلاسيكية
	al-mooseeqa al-klaaseekeeya
folk music	الموسيقى الشعبية
	al-mooseeqa ash-sha'abeeya
jazz	موسيقى الجاز
	mooseeqa al-jaaz
pop music	موسيقى البوب
	mooseeqa al-pop
rap	موسيقى الراب
	mooseeqa ar-rap

Nightlife will vary greatly depending on the country you are in but most western hotels will have bars and sometimes nightclubs where you can party until all hours. For non-alcoholic activities, you will find locals enjoy spending time in cafes drinking mocktails and juices and coffee, and smoking shisha among friends and family.

YOU MAY HEAR...

| أطفئوا هواتفكم النقالة من فضلكم. | Turn off your cell [mobile] |
| *aTfa'oo hawaatifkum an-naqaala min faDlikum* | phones, please. |

Nightlife

What's there to do at night?	ماذا يمكننا أن نفعل في المساء؟ *maadha yum-kininaa an naf'al fee il-masaa'*
Can you recommend...?	ممكن تنصحني بـة؟ *mumkin tanSaHnee bi...*
a bar	بار *baar*
a casino	كازينو *kazeenoo*
a dance club	نادي ليلي *naadee laylee*
a jazz club	نادي لموسيقى الجاز *naadee li-mooseeqa al-jaaz*
a club with Arabic music	نادي ليلي فيه موسيقى عربية *naadee laylee feehi mooseeqa 'arabeeya*
Is there live music?	هل هناك حفلة موسيقية؟ *hal hunaak Hafla mooseeqaya*
How do I get there?	كيف أصل إلى هناك؟ *kayf aSil ila hunaak*
Is there a cover charge?	هل هناك رسم للخدمة؟ *hal hunaak rasm lil-khidma*
Let's go dancing.	لنذهب إلى مكان للرقص. *li-nadh-hab ila makaan lir-raqS*
Is this area safe at night?	هل هذه المنطقة آمنة أثناء الليل؟ *hal haadha al-manTaqa aamina athnaa' al-layl*

Special Requirements

Business Travel

ESSENTIAL

I'm here on business.	أنا هنا للعمل. *ana huna lil-'amal*
Here's my business card.	هذا كرتي. *haadha kartee*
Can I have your card?	ممكن آخذ كرتك؟ *mumkin aakhudh kartak*
I have a meeting with...	عندي اجتماع مع... *'andee ijtimaa' ma'...*
Where's the...?	أين...؟ *ayn...*
business center	مركز الأعمال *markaz al-a'maal*
convention hall	قاعة المؤتمرات *qaa'at al-mu'tamaraat*
meeting room	قاعة الاجتماعات *qaa'at al-ijtimaa'aat*

> In formal meetings, people greet each other with a handshake. However, some devout Muslim men and veiled women may not shake the hand of a person of the opposite sex. They'll hold their hand to their chest and say *ana laa usallim* (I don't shake hands).

On Business

I'm here for...	أنا هنا من أجل... *ana huna min ajl...*
a seminar	ندوة *nadwa*
a conference	مؤتمر *mu'tamir*
a meeting	اجتماع *ijtimaa'*
My name is...	اسمي... *ismee...*
May I introduce my colleague...	ممكن أعرفك على زميلي... *mumkin u'arifak 'ala zameelee...*
I have a meeting/an appointment with...	عندي اجتماع/موعد مع... *'andee ijtimaa'/maw'id ma'...*

I'm sorry I'm late.   آسف/آسفة على التأخير. *aasif* **m**/*aasifa* **f** *'ala at-ta'akheer*

I need an interpreter.   أحتاج إلى مترجم. *aHtaaj ila mutarjim*

You can contact me   يمكنك الاتصال بي في فندق...

at the...Hotel.   *yumkinak al-ittiSaal bee fee funduq*

I'm here until...   أنا هنا حتى... *ana huna Hata...*

I need to...   أحتاج أن... *aHtaaj an...*

   make a call   أجري اتصالا هاتفيا *ujree ittiSaal haatifee*

   make a photocopy   أصور نسخة *uSawwir nuskha*

   send an email   أرسل بريدا إلكترونيا *ursil bareed iliktroonee*

   send a fax   أرسل فاكس *ursil faaks*

   send a package   أرسل طردا بريديا (بحيث يصل غدأ)

   (for next-day delivery)   *ursil Tard bareedee (bi-Hayth yaSil ghadan)*

It was a pleasure   فرصة سعيدة.

to meet you.   *furSa sa'eeda*

For Communications, see page 48.

YOU MAY HEAR...

عندك موعد؟
'andak maw'id

مع من؟ *ma' man*

هو؟/هي؟ في اجتماع.
huwa?/hiya? fee ijtimaa'

لحظة من فضلك. *laHZa min faDlak*

تفضل بالجلوس. *tafaDDal bil-juloos*

هل تحب أن تشرب أي شيء؟
hal tuHibb an tashrab ay shay

شكراً لقدومك. *shukran li-qudoomak*

Do you have an
appointment?
With whom?
He/She is in a meeting.

One moment, please.
Have a seat.
Would you like something
to drink?
Thank you for coming.

Traveling with Children

ESSENTIAL

Is there a discount for kids?	هل هناك خصم للأطفال؟ hal hunaak khaSm lil-aTfaal
Can you recommend a babysitter?	ممكن تنصحني مربية أطفال؟ mumkin tanSaHnee bi-murabeeyat al-aTfaal
Do you have a child's seat/highchair?	عندكم كرسي خاص للأطفال/كرسي عالٍ؟ 'andakum kursee khaaS lil-aTfaal/kursee 'aalin
Where can I change the baby?	أين أستطيع تغيير حفاظ الطفل؟ ayn astaTee'u taghyeer HifaaZ aT-Tifl

Out & About

Can you recommend something for kids?	ممكن تنصحني بشيء للأطفال؟ mumkin tan-SaHnee bi-shay lil-aTfaal
Where's...?	أين...؟ ayn...
the amusement park	مدينة الملاهي madeenat al-malaahee
the arcade	قاعة الألعاب qaa'at al-al'aab
the kiddie [paddling] pool	مسبح الأطفال masbaH al-aTfaal
the park	الحديقة العامة al-Hadeeqat al-'aama
the playground	الملعب al-mal'ab
the zoo	حديقة الحيوانات Hadeeqat al-Hayawaanaat
Are kids allowed?	مسموح دخول الأطفال؟ masmooH dukhool al-aTfaal
Is it safe for kids?	هل هو آمن للأطفال؟ hal huwa aamin lil-aTfaal
Is it suitable for... year olds?	هل هو مناسب للأطفال الذين عمرهم... سنوات؟ hal huwa munaasib lil-aTfaal aladheen 'umruhum... sanawaat

For Numbers, see page 167.

YOU MAY HEAR...

ما أجمله! *ma ajmalhu*

ما اسمه/اسمها؟
ma ismuhu m /ismuhaa f

ما عمره/عمرها؟
ma 'umruhu m/ 'umruhaa f

How cute!
What's his/her name?

How old is he/she?

Baby Essentials

Do you have...?	عندكم...؟ *'andakum...*
a baby bottle	رضّاعة *riDaa'a*
baby food	طعام أطفال *Ta'aam aTfaal*
baby wipes	محارم للطفل *maHaarim lil-Tifl*
a car seat	مقعد طفل للسيارة *maq'ad Tifl lis-sayaara*
a children's menu/ portion	قائمة طعام/وجبات أصغر للأطفال *qaa'ima Ta'aam/wajabaat aSghar lil-aTfaal*
a child's seat/ highchair	كرسي خاص للأطفال/كرسي عالٍ *kursee khaaS lil-aTfaal/kursee 'aalin*
a crib/cot	مهد/سرير أطفال *muhd/sareer aTfaal*
diapers [nappies]	حفاظات *HifaaZaat*
formula [baby food]	طعام للرضع *Ta'aam lir-raDa'*
a pacifier [soother]	لهاية *lahaaya*
a playpen	مكان محاط بالشباك للعب *makaan muHaaT bish-shubaak lil-la'ab*
a stroller [pushchair]	عربة أطفال *'arabat aTfaal*
Can I breastfeed the baby here?	ممكن أرضع الطفل هنا؟ *mumkin arDa' aT-Tifl huna*
Where can I breastfeed / change the baby?	أين أستطيع أن أرضع/أغير حفاظ الطفل؟ *ayn astaTee'u an uraDi'a/ughayer HifaaZaat aT-Tifl*

Children form a central part of family life and nowhere more so than in the Middle East. You will regularly see children at evening meals and in malls with their parents, often until late in the evening.

Babysitting

Can you recommend a babysitter?	هل يمكنك أن تنصحني بجليسة أطفال؟ *hal yumkinak an tanSaHnee bi-jaleesat aTfaal*
How much do you/ they charge?	كم يبلغ السعر الذي تفرضه؟ *kam yablagh as-si'r aladhee tufariDih*
If you need to contact me, call...	إذا كنت تحتاج إلى الاتصال بي، اتصل على... *idha kunta taHtaaj ila al-ittiSaal bee ittaSil 'ala*

For Time, see page 169.

Health & Emergency

Can you recommend a pediatrician?	ممكن تنصحني بطبيب أطفال؟ *mumkin tanSaHnee bi-Tabeeb aTfaal*
My child is allergic to...	طفلي يتحسس من... *Tiflee yataHasas min...*
My child is missing.	طفلي مفقود. *Tiflee mafqood*
Have you seen a boy/ girl?	هل رأيت صبي/بنت؟ *hal ra'eeta Sabee/ bint*

For Police, see page 150.

Disabled Travelers

ESSENTIAL

IIs there...?	هل هناك...؟ hal hunaak...
access for the disabled	مدخل مناسب للمعاقين madkhal munaasib lil-mu'aaqeen
a wheelchair ramp	منحدر لكرسي المقعدين munHadir li-kursee al-muq'adeen
a handicapped-[disabled-] accessible toilet	تواليت خاص للمقعدين toowaaleet khaaS lil-muq'adeen
I need...	أحتاج إلى... aHtaaj...
assistance	مساعدة musaa'ada
an elevator [a lift]	مصعد miS'ad
a ground-floor room	غرفة في الطابق الأرضي ghurfa fee il-Taabiq al-arDee

Facilities for disabled people varies greatly from country to country, from more difficult cities such as Cairo with its relative chaos and high curbs, to the more accessible, modern cities such as Dubai. It is advisable to research your destination in advance.

Asking for Assistance

I'm...	أنا... *ana...*
disabled	معاق/معاقة *mu'aaq **m**/mu'aaqa **f***
visually impaired	نظري ضعيف *naZaree Da'eef*
deaf	أصم *aSamm*
hearing impaired	أواجه صعوبة في السمع *awaajih Sa'ooba fee is-sama'*
unable to walk far /use the stairs	غير قادر/غير قادرة على المشي بعيداً *ghayr qaadir **m** /ghayr qaadira **f** 'ala al-mashee ba'eedan/istikhdaam ad-daraj*
Please speak louder.	من فضلك ارفع صوتك. *min faDlak irfa' Sawtak*
Can I bring my wheelchair?	ممكن أحضر كرسي المقعدين لي؟ *mumkin aHDur kursee al-muq'adeen lee*
Are guide dogs permitted?	هل كلاب إرشاد العميان مسموحة؟ *hal kilaab irshaad al-'umyaan masmooHa*
Can you help me?	ممكن تساعدني؟ *mumkin tusaa'idnee*
Please open/hold the door.	من فضلك افتح/امسك الباب. *min faDlak iftaH/imsik al-baab*

For Health, see page 153.

In an
Emergency

Emergencies

ESSENTIAL

Help!	النجدة!	
	al-najda	
Go away!	إمشي!	
	emshee	
Stop, thief!	إمسك حرامي!	
	emsik Haraamee	
Get a doctor!	اتصل بدكتور!	
	ettasil bil-doktoor	
Fire!	حريق!	
	Hareeq	
I'm lost.	أنا تهت.	
	ana tuht	
Can you help me?	ممكن تساعدني؟	
	mumkin tusaa'idnee	

Arab countries operate separate systems for each of their emergency services divisions so emergency numbers will vary depending on the country you are in. Always check this information on arrival or before you travel so you have the details to hand if required.

Police

ESSENTIAL

Call the police!	اتصل بالشرطة! *ettasil bish-shurTa*
Where's the police station?	أين مركز الشرطة؟ *ayn markaz ash-shurTa*
There was an accident/attack.	وقع حادث/اعتداء. *waqa'a Haadith/e'atidaa'*
My child is missing.	طفلي مفقود. *tiflee mafqood*
I need…	أحتاج إلى… *aHtaaj ila…*
an interpreter	مترجم *mutarjim*
to contact my lawyer	الاتصال بمحامي الخاص *al-ettisaal bi-muHaamee al-khaas*
to make a phone call.	إجراء اتصال هاتفي. *ejraa' ettisaal haatifee*
I'm innocent.	أنا بريء/بريئة. *ana baree' m / baree'a f*

YOU MAY HEAR…

إملأ هذه الاستمارة. *emla' hadhihi al-estimaara*	Fill out this form.
هويتك الشخصية من فضلك. *huweeyatak al-shakhseeya min fadlak*	Your ID, please.
متى/أين حصل الحادث؟ *mata/ayna Hasal al-Haadith*	When/Where did it happen?
ما أوصافه/أوصافها؟ *maa ohsaafuhu m / ohsaafuha f*	What does he/she look like?

Crime & Lost Property

I need to report...	أريد تقديم بلاغ عن...
	ureed taqdeem bilaagh 'an
a mugging	سلب *salb*
a rape	اغتصاب *eghtiSaab*
a theft	سرقة *sariqa*
I was mugged.	تعرضت إلى السرقة بالإكراه.
	ta'araDtu ila as-sariqa bil-ikraah
I was robbed.	تعرضت إلى السرقة. *ta'araDtu ila al-sariqa*
I lost my...	فقدت... *faqadtu...*
My...was stolen.	سُرقت مني... *suriqat minee...*
backpack	حقيبة ظهر *Haqeebat Zahr*
bicycle	دراجة *darraaja*
camera	كاميرا *kaameera*
(rental [hire]) car	سيارة (مستأجرة) *sayyaara (musta'ajara)*
computer	كومبيوتر *kambyootir*
credit card	بطاقة ائتمان *biTaaqat al-e'atimaan*
jewelry	مجوهرات *mujawharaat*
money	مال *maal*
passport	جواز سفر *jawaaz safar*
purse [handbag]	حقيبة يد *Haqeebat yad*

traveler's checks [cheques]	شيكات سياحية sheekaat seeyaaHeeya
wallet	محفظة miHfaza
I need a police report.	أحتاج إلى تقرير من الشرطة. aHtaaj ila taqreer min ash-shurTa
Where is the British/ American/Irish embassy?	أين السفارة البريطانية/الأمريكية/الايرلندية؟ ayna as-sifaara al-breeTaaneeya/al-amreekeeya/al-eerlandeeya

God is frequently invoked in conversation, especially when there is a degree of chance involved. You will frequently hear phrases such as *In-shah allah* (God Willing) and *al-hamdu-li-llah* (thanks be to God), which is even added when something bad happens – the logic here being that it could have been worse potentially and that it is all God's will anyway.

Health

ESSENTIAL

I'm sick [ill].	أنا مريض/مريضة. *ana mareed **m** /mareeda **f***
I need an English-speaking doctor.	أحتاج إلى طبيب يتكلم إنكليزي. *aHtaaj ila Tabeeb yatakallam engleezee*
It hurts here.	يوجد ألم هنا. *yoojad 'alam huna*
I have a stomachache.	معدتي تؤلمني. *mi'adatee tu'alimunee*

Finding a Doctor

Can you recommend a doctor/dentist?	ممكن تنصحني بطبيب/بطبيب أسنان؟ *mumkin tansaHunee bi-Tabeeb/bi-Tabeeb asnaan*
Can the doctor come here?	ممكن أن يأتي الطبيب إلى هنا؟ *mumkin an ya'tee aT-Tabeeb ila huna*
I need an English-speaking doctor.	أحتاج إلى طبيب يتكلم إنكليزي. *aHtaaj ila Tabeeb yatakallam engleezee*
What are the office hours?	ما هي مواعيد العيادة؟ *maa hiya mawaa'eed al-'iyaada*
I'd like an appointment for...	أريد موعد... *oreed moh'id...*
today	لليوم *lil-yawm*
tomorrow	للغد *lil-ghad*
as soon as possible	بأسرع ما يمكن *bi-asra' maa yumkin*
It's urgent.	إنها حالة مستعجلة. *inahaa Haala musta'ajila*

Symptoms

I'm...	أنا... *ana*
bleeding	أنزف *anzif*
constipated	مصاب/مصابة بإمساك *musaab **m** musaaba **f** bi-emsaak*

dizzy	أشعر بدوار	ash'ur bi-duwaar
nauseous	أشعر بغثيان	ash'ur bi-ghasayaan
vomiting	أتقيأ	ataqaya'
It hurts here.	يوجد ألم هنا.	yoojad 'alam huna
I have...	عندي...	'aandee...
an allergic reaction	حساسية	Hasaaseeya
chest pain	ألم في الصدر	'alam fiS-Sadr
cramps	تشنج	tashannuj
diarrhea	إسهال	es-haal
an earache	ألم في الأذن	'alam fil-uzn
a fever	حرارة مرتفعة	Haraara murtafi'a
pain	ألم	'alam
a rash	طفح جلدي	tafH jildee
a sprain	التواء في المفصل	eltiwaa' fil-mifSal
some swelling	انتفاخ	entifaakh
a sore throat	ألم في الحلق	'alam fil-Halq
a stomach ache	ألم في المعدة	'alam fil-mi'ada
sunstroke	ضربة شمس	Darbat shams
I've been sick [ill] for...days.	أنا مريض منذ...أيام.	ana mareeD munzu...ayaam

For Numbers, see page 167.

Conditions

|---|---|
I'm...	أنا... *ana*
anemic	مصاب/مصابة بفقر الدم *muSaab* **m** / *muSaaba* **f** *bi-fiqr al-dam*
asthmatic	مريض/مريضة بالربو *mareeD* **m** / *mareeDa* **f** *bir-rabw*
diabetic	مريض/مريضة بالسكري *mareeD* **m** / *mareeDa* **f** *bis-sukaree*
I'm epileptic.	مريض/مريضة بالصرع *mareeD* **m** / *mareeDa* **f** *bil-Sara'*
I'm allergic to antibiotics/penicillin.	عندي حساسية من المضادات الحيوية/البنسلين. *'andee Hasaaseeya min al-muDaddaat al-Hayaweya/al-penicillin*
I have...	عندي... *'aandee...*
arthritis	التهاب مفاصل *eltihaab mafaaSil*
a heart condition	قصور في القلب *quSoor fil-qalb*
high/low blood pressure	ضغط الدم مرتفع/منخفض *daght ad-dam murtafi'a/munHafaD*
I'm on...	أنا آخذ... *ana aakhudh...*

YOU MAY HEAR...

|---|---|
مم تشكو؟ *mimma tashkoo*	What's wrong?
أين يؤلمك؟ *ayna yu'limak*	Where does it hurt?
هل يؤلمك هنا؟ *hal yu'limak huna*	Does it hurt here?
هل تأخذ أي دواء؟ *hal ta'khud ay dawaa'*	Are you on medication?
هل عندك حساسية من أي شيء؟ *hal 'andak Hasaaseeya min ay shay*	Are you allergic to anything?
إفتح فمك. *eftaH famak*	Open your mouth.
تنفس بعمق. *tanaffas bi-'umq*	Breathe deeply.
أسعل من فضلك. *us'ul min fadlak*	Cough, please.
إذهب لرؤية إخصائي. *ezhab li-roo'ya ikhsaa'ee*	See a specialist.
إذهب إلى المستشفى. *edh-hab ila al-mustashfa*	Go to the hospital

Treatment

Do I need a prescription medicine?	هل أحتاج إلى وصفة طبية/دواء؟
	hal aHtaaj ila waSfa Tibbeeya/dawaa'
Can you prescribe a generic drug	ممكن تصف لي دواء بدون علامة تجارية؟
	mumkin tasif lee dawaa' bidoon 'alaama tijaareeya [unbranded medication]?
Where can I get it?	أين أحصل عليه؟
	ayna aHsul alayh

For What to Take, see page 158.

Hospital

Notify my family please.	أخبر عائلتي من فضلك.
	akhbir 'aa'ilatee min fadlak
I'm in pain.	أشعر بألم.
	ash'ur bi-'alam
I need a doctor/nurse.	أحتاج إلى طبيب/ممرض.
	aHtaaj ila Tabeeb/mumarriD
When are hours?	ما هي مواعيد الزيارة؟
	maa hiya mawaa'eed al-ziyaara
I'm visiting...	أنا هنا لأزور...
Dentist	*ana huna li-azoor...*
I have...	عندي...
	'andee...
a broken tooth	سن مكسور
	sin maksoor
a lost filling	حشوة مفقودة
	Hashwa mafqooda
a toothache	ألم في الأسنان
	'alam fil-asnaan
Can you fix this denture?	ممكن تصلح طقم الأسنان هذا؟
	mumkin tusalliH Taqm al-asnaan hadha

Gynecologist

I have cramps/a vaginal infection.	عندي تشنج/التهاب مهبلي. 'andee tashannuj/eltihaab mahbalee
I missed my period.	لم تأت العادة الشهرية. lam ta'ti al-'aada al-shahreeya
I'm on the Pill.	آخذ حبوب منع الحمل. akhudh Huboob mana' al-Haml
I'm (...months) pregnant.	أنا حامل (في الشهر...). ana Haamil (fish-shahr...)
I'm not pregnant.	أنا لست حامل. ana lastu Haamil
My last period was...	آخر عادة شهرية كانت... aakhir 'aada shahreeya kaanat...

For Numbers, see page 167.

Optician

I lost...	فقدت... faqadtu...
a contact lens	عدسة لاصقة 'adasa laaSiqa
my glasses	نظارتي naZZaaratee
a lens	عدسة 'adasa

Payment & Insurance

How much?	كم الحساب؟ kam al-Hisaab
Can I pay by credit card?	ممكن أدفع ببطاقة الائتمان؟ mumkin 'adfa' bi-biTaaqa al-e'timaan
I have insurance.	عندي تأمين. 'andee ta'meen
I need a receipt for my insurance.	ممكن تعطيني إيصال لتأميني الصحي. mumkin tu'Teenee eeSaal i-ta'ameenee aS-SiHHee

Pharmacy

ESSENTIAL

Where's the pharmacy [chemist]?	أين الصيدلية؟ *ayna aS-Saydaleeya*
What time does it open/close?	متى تفتح/تغلق؟ *mata taftaH/taghliq*
What would you recommend for...?	بم تنصحني لمعالجة...؟ *bi-ma tanSaHunee li-mu'aalajat*
How much do I	كم جرعة؟ *kam jur'a?*
Can you fill [make up] this prescription?	ممكن تكتب لي وصفة طبية؟ *mumkin taktub lee waSfa Tibbeeya*
I'm allergic to...	أنا أتحسس من.... *ana ataHassas min...*

What to Take

How much do I take?	ما هي الجرعة؟ *maa hiya al-jur'a*
How often?	كم مرة؟ *kam marra*
Is it safe for children?	هل هو مناسب للأطفال؟ *hal huwa munaasib lil-aTfaal*
I'm taking...	أنا آخذ... *ana aakhudh...*
Are there side effects?	هل هناك آثار جانبية؟ *hal hunaak aathaar jaanibeeya*
I need something for...	أريد دواء لـ... *oreed dawaa' li...*
a cold	الرشح *ar-rashH*
a cough	السعال *as-su'aal*
diarrhea	الإسهال *al-es-haal*
a headache	صداع *Sudaa'*
insect bites	لدغات الحشرات *adghaat al-Hasharaat*

motion [travel] sickness	دوار السفر *dawaar al-safar*
a sore throat	ألم الحلق *'alam al-Halq*
sunburn	الحروق الشمسية *al-Hurooq al-shamseeya*
a toothache	ألم في الأسنان *alam fil-asnaan*
an upset stomach	عسر الهضم *asr al-haDm*

YOU MAY SEE...

مرة/ثلاث مرات في اليوم	once/three times a day
حبة	tablet
قطرة	drop
ملعقة صغيرة	teaspoon
بعد/قبل/مع الوجبات	after/before/with meals
على معدة فارغة	on an empty stomach
ابتلعه كاملاً	swallow whole
قد يسبب خمول	may cause drowsiness
للاستعمال الخارجي فقط	for external use only
سم	poison

Basic Supplies

I'd like... أريد... *oreed...*

acetaminophen سيتامول
[paracetamol] *sitamol*

aftershave عطر بعد الحلاقة *uTr ba'd al-Halaaqa*

antiseptic cream كريم مطهر *kreem muT-hir*

aspirin أسبرين *asbireen*

Band-Aid [plasters] شريط طبي [بلاستر] *shareeT Tibbee [blaastir]*

bandages ضمادات *Damaadaat*

a comb مشط *mishT*

condoms واقيات ذكرية *waaqiyaat dhakareeya*

contact lens solution محلول للعدسات اللاصقة *maHlool lil-'adasaat al-laaSiqa*

deodorant مزيل الرائحة *muzeel ar-raa'iHa*

a hairbrush فرشاة الشعر *furshaat al-sha'ar*

ibuprofen إيبوبروفين *ibuprofen*

insect repellent مادة طاردة للحشرات *maadda taarida lil-Hasharaat*

lotion [moisturizer] غسول *ghasool*

a nail file مبرد أظافر *mibrad aZaafir*

a nail clippers مقص أظافر *miqaSS aZaafir*

a (disposable) razor موس الحلاقة (للاستعمال مرة واحدة)
moos al-Hilaaqa (lil-esti'maal marra waaHeda)

razor blades شفرات الحلاقة *shafaraat al-Hilaaqa*

sanitary napkins فوط نسائية *fuwaT nisaa'eeya*

scissors مقص *miqaSS*

shampoo/conditioner شامبو/بلسم *shampoo/balsam*

soap صابون *Saaboon*

sunscreen واقي الشمس *waaqee al-shams*

tampons سدادات قطنية للسيدات *sadadaat quTneeya lil-sayyidaat*

tissues مناديل ورقية *manaadeel waraqeeya*

toilet paper ورق تواليت *waraq toowaaleet*

toothpaste معجون أسنان *ma'joon asnaan*

The Basics

Grammar - Regular Verbs

Arabic verbs add prefixes and endings to a base form to make the different
persons and tenses. This base form is the third person singular of the past
tense (as shown below). However, the forms corresponding to the English
infinitive listed in the dictionary at the back of this book are in the present
tense. See the table below for an example of a regular verb:

TO WRITE	Past	Present	Future
I (أنا) (ana)*	كتبتُ katabtu	أكتب aktub	سأكتب sa-aktub
you (m sing.) (أنتَ) (anta)	كتبتَ katabta	تكتب taktub	ستكتب sa-taktub
you (f sing.) (أنتِ) (anti)	كتبتِ katabtee	تكتبين taktubeen	ستكتبين sa-taktubeen
he (هو) (huwa)	كتب katab	يكتب yaktub	سيكتب sa-yaktub
she (هي) (hiya)	كتبت katabat	تكتب taktub	ستكتب sa-taktub
we (نحن) (naHna)	كتبنا katabna	نكتب naktub	سنكتب sa-naktub
you (pl.) (أنتم) (antum)	كتبتم katabtum	تكتبون taktuboon	ستكتبون sa-taktuboon
they (هم) (hum)	كتبوا kataboo	يكتبون yaktuboon	سيكتبون sa-yaktuboon

Irregular Verbs

Irregular verbs in Arabic must be memorized. Two common irregular verbs, **To Be** and **To Sell**, are conjugated in the tables below.

To Be is an unusual verb, in that it has no present tense. For example:

He is a doctor هو طبيب *huwa Tabeeb* (he doctor)
She is sick هي مريضة *hiya mareeDa* (she sick).

TO BE	Past	Future
I (أنا) (*ana*)	كنتُ *kuntu*	سأكون *sa-akoon*
you (*m* sing.) (أنتَ) (*anta*)	كنتَ *kunta*	ستكون *sa-takoon*
you (*f* sing.) (أنتِ) (*anti*)	كنتِ *kuntee*	ستكونين *sa-takooneen*
he (هو)(*huwa*)	كان *kaan*	سيكون *sa-yakoon*
she (هي)(*hiya*)	كانت *kaanat*	ستكون *sa-takoon*
we (نحن) (*naHna*)	كنا *kunna*	سنكون *sa-nakoon*
you (pl.) (أنتم)(*antum*)	كنتم *kuntum*	ستكونون *sa-takoonoon*
they (هم) (*hum*)	كانوا *kaanoo*	سيكونون *sa-yakoonoon*

TO SELL	Present	Past	Future
I *ana* (أنا)	أبيع *abee'a*	بعتُ *bi'tu*	سأبيع *sa-abee'a*
you (*m* sing.) (أنتَ) *anta*	تبيع *tabee'a*	بعتَ *bi'ta*	ستبيع *sa-tabee'a*
you (*f* sing.) (أنتِ) *anti*	تبيعين *tabee'een*	بعتِ *bi'tee*	ستبيعين *sa-tabee'een*

he (هو) *huwa*	يبيع	باع	سيبيع
	yabee'a	*baa'a*	*sa-yabee'a*
she (هي) *hiya*	تبيع	باعت	ستبيع
	tabee'a	*baa'at*	*sa-tabee'a*
we (نحن) *naHna*	نبيع	بعنا	سنبيع
	nabee'a	*bi'na*	*sa-nabee'a*
you pl sold (أنتم) *antum*	تبيعون	بعتم	ستبيعون
	tabee'oon	*bi'tum*	*sa-tabee'oon*
they (هم) *hum*	يبيعون	باعوا	سيبيعون
	yabee'oon	*baa'oo*	*sa-yabee'oon*

Nouns

Nouns in Arabic are either masculine or feminine. Masculine nouns can end in any letter except **a.**

e.g. موظف *muwazzaf* (clerk, official), مسافر *musaafir* (passenger), رجل *rajul* (man), بيت *bayt* (house).

Feminine nouns usually end in **a.**

محطة *maHata* (station), سيارة *sayaara* (car), رخصة *rukhsa* (license).

However, there are a few exceptions that do not end in **a**:

e.g. أم *umm* (mother), أخت *ukht* (sister), بنت *bint* (daughter, girl).

The regular plural for masculine nouns (in spoken Arabic) is formed by adding **een**: موظفين *muwazzafeen* (officials), مسافرين *musaafireen* (passengers).

The regular plural for feminine nouns is formed by adding **aat**: محطات *maHataat* (stations), سيارات *sayaraat* (cars).

Many nouns, mainly masculine, have irregular plurals. For example: رجال *rijaal* (men), بيوت *buyoot* (houses), بنات *banaat* (girls), أمهات *ummahaat* (mothers).

Dual Plurals

As well as singular and plural, Arabic also has a dual ending that is used when referring to two things as the objects of a verb.

For masculine nouns (in spoken Arabic), add the ending **ayn:**

كتاب *kitaab* a book   كتابين *kitaabayn* two books.

For feminine nouns you add **tayn**:

تذكرة *tazkara* a ticket   تذكرتين *taz-karatayn* two tickets.

Articles

There is no equivalent to the indefinite articles **a** or **an** in Arabic.

The definite article **the** in Arabic is ال *al-*; simply put **al-** before the noun:
الرجل *al-rajul* (the man), البنت *al-bint* (the girl); الرجال *al-rijaal* (the men), البنات *al-banaat* (the girls).

If the following word starts with **s, sh, n, d, r, t** or **z**, then the **l** of the **al** may be assimilated to the following consonant and should be prounced as a double consonant, for example: *al-shams* (the sun) becomes *ash-shams*.

Word Order

Word order in spoken Arabic is usually (like English): subject – verb – object. e.g.: I'd like to rent a rowboat.

أريد أن أستأجر قارب للتجذيف. *oreed an asta'ajir qaarib lil-tajdheef*
I'd like *(oreed)* **to rent** *(an asta'ajir)* **a rowboat** *(qaarib lil-tajdheef)*.

Are there any discounts? هل هناك أي تخفيضات؟ *hal hunaak ay takhfeeDaat*
Are *(hal)* **(question word) there** *(hunaak)* **any** *(ay)* **discounts** *(takhfeeDaat)?*

Negation

To negate a verb, put لا *laa* (not) in front of the present tense of the verb:
آخذها. *aakhudh-haa* I take it.   لا آخذها. *laa aakhudh-haa* I don't take it.

Imperatives

To form the imperative, take the second person present tense form (singular or plural) such as تكتب *taktub* or تكتبون *taktuboon* (you write), replace the **t** with **u** and then remove the final **n** in the plural):

اكتب!\اكتبوا! *uktub/uktuboo* Write!
To give a negative command, just take the second person present tense form as it is, and add the prefix لا *laa*: لا تكتبت! *laa taktub* Don't write!

Comparative and Superlative

The comparative is formed by taking the adjective, adding an **a** at the beginning and replacing the other vowel with an **a.** The superlative is formed adding الـ *al-* to the comparative form:

كبير	أكبر	الأكبر
kabeer (big)	*akbar* (bigger)	*al-akbar* (the biggest)
صغير	أصغر	الأصغر
sagheer (small)	*asghar* (smaller)	*al-asghar* (the smallest)

Personal Pronouns

أنا	*ana*	I
أنتَ	*anta*	you (*m* sing.)
أنتِ	*anti*	you (*f* sing.)
هو	*huwa*	he
هي	*hiya*	she
نحن	*naHna*	ew
أنتم	*antum*	you (pl.)
هم	*hum*	they

Unlike most other languages, the verb form changes depending whether you are addressing a man or a woman. For example:

أنتَ تكتب. *anta taktub*	You *m* are writing.
أنتِ تكتبين. *anti taktubeen*	You *f* are writing.

Note that Arabic pronouns are often omitted in speech, unless special emphasis is required.

Possessive Pronouns

Possessive pronouns in Arabic are shown in the form of suffixes to the noun:

ـ(ت)ي	*-(t)ee*	my
ـ(ت)ك	*-(t)ak*	your (**m** sing.)

ـ(ت)ـك	-(t)ek	your (**f** sing.)
ـه	-uh	his
ـها	-ha	her
ـنا	-na	our
ـكم	-kum	your (pl.)
ـهم	-hum	their

These suffixes are never stressed.

كتاب	كتابي
kitaab (a book)	kitaabee (my book)
غرفة	غرفتي
ghurfa (a room)	ghurfatee (my room)
فندق	فندقنا
funduq (a hotel)	funduqna (our hotel)

Adjectives

Adjectives agree with the gender of the nouns they describe.
To form the feminine, simply add *a* to the end of the masculine form.
For example:

جديد	jadeed (new) **m**	جديدة jadeeda **f** (new) **f**
بيت	bayt **m** (a house)	
بيت جديد	bayt jadeed (a new house)	

سيارة	sayaara **f** (a car)
سيارة جديدة	sayaara jadeeda (a new car)

For inanimate plurals, the feminine singular adjective is used:

بيوت	بيوت جديدة
buyoot (houses)	buyoot jadeeda (new houses)
سيارات	سيارات جديدة
sayaaraat (cars)	sayaaraat jadeeda (new cars)

Numbers 3–10 are followed by the plural, but with numbers above 10 the singular form of the noun is used.

1 book	كتاب	*kitaab*
2 books	كتابين	*kitaabayn*
3 books	ثلاثة كتب	*talaata kutub*
11 books	أحد عشر كتابا	*aHad 'aashar kitaab*

You say waaHid for one if you want to emphasize one as opposed to another number: كتاب واحد *kitaab waaHid* (just) one book.

Numbers

ESSENTIAL

0	٠	صفر *sifr*
1	١	واحد *waaHid*
2	٢	اثنان *etnaan*
3	٣	ثلاثة *talaata*
4	٤	أربعة *'arba'a*
5	٥	خمسة *khamsa*
6	٦	ستة *sitta*
7	٧	سبعة *sab'aa*
8	٨	ثمانية *tamaaniya*
9	٩	تسعة *tis'aa*
10	١٠	عشرة *'aashara*
11	١١	أحد عشر *aHad 'aashar*
12	١٢	اثنا عشر *etnaa 'aashar*
13	١٣	ثلاثة عشر *talaatat 'aashar*
14	١٤	أربعة عشر *'arba'at 'aashar*
15	١٥	خمسة عشر *khamsat 'aashar*

16	١٦	sittat 'aashar ستة عشر
17	١٧	sab'aat 'aashar سبعة عشر
18	١٨	tamaaniyat 'aashar ثمانية عشر
19	١٩	tis'aat 'aashar تسعة عشر
20	٢٠	'ashroon عشرون
21	٢١	waaHid wa-'ashroon واحد و عشرون
22	٢٢	etnaan wa-'ashroon اثنان و عشرون
30	٣٠	talaatoon ثلاثون
31	٣١	waaHid wa-talaatoon واحد و ثلاثون
40	٤٠	'arba'oon أربعون
50	٥٠	khamsoon خمسون
60	٦٠	sittoon ستون
70	٧٠	sab'oon سبعون
80	٨٠	tamaanoon ثمانون
90	٩٠	tis'oon تسعون
100	١٠٠	mi'a مائة
101	١٠١	mi'a wa-waaHid مائة و واحد
200	٢٠٠	mi'ataan مائتان
500	٥٠٠	khamsmi'a خمسمائة
1,000	١٠٠٠	alf ألف
10,000	١٠٠٠٠	'aasharat alaaf عشرة آلاف
1,000,000	١٠٠٠٠٠٠	milyoon مليون

Ordinal Numbers

first	awwal أول
second	taanee ثاني
third	taalit ثالث
fourth	raabi'a رابع
fifth	khaamis خامس

once	مرّة *marra*
twice	مرّتان *marrataan*
three times	ثلاث مرّات *talaat marraat*

Time

ESSENTIAL

What time is it?	كم الساعة؟ *kam al-saa'a*
It's noon [midday].	الوقت منتصف النهار. *al-waqt muntaSef an-nahaar*
At midnight.	في منتصف الليل *fee muntasef al-layl*
From one o'clock to two o'clock.	من الساعة الواحدة حتى الساعة الثانية. *min al-saa'a al-waaHida Hatta al-saa'a al-taaniya*
Five after [past] three	الساعة الثالثة وخمس دقائق. *al-saa'a al-taalita wa-khams daqaa'iq*
A quarter to four.	الساعة الرابعة إلا ربع. *al-saa'a al-raabi'a ella rub'*
5:30 a.m./p.m.	الساعة الخامسة والنصف صباحاً/مساءً *al-saa'a al-khaamisa wa-nusf sabaaHan/ masaa'an*

Days

ESSENTIAL

Sunday	الأحد *al-aHd*
Monday	الاثنين *al-etnayn*
Tuesday	الثلاثاء *al-tulataa'*
Wednesday	الأربعاء *al-'arba'aa*
Thursday	الخميس *al-khamees*
Friday	الجمعة *al-jom'a*
Saturday	السبت *al-sabt*

The 24-hour clock is used only for the timing of TV programs.
For all other purposes, you need to specify whether it is morning
(4–11 a.m.) صباحا (sabaaHan), noon (12, 1) ظهرا (zuhran), afternoon
(2–4 p.m.) بعد الظهر (ba'ad al-zuhur), evening (5–9 p.m.)
مساء (masaa'an) or night (10 p.m.–3 a.m.) ليلا laylan.

Dates

yesterday	البارحة	imbaariH
today	اليوم	al-yohm
tomorrow	غداً	ghadan
day	يوم	yohm
week	أسبوع	usboo'
month	شهر	shahr
year	سنة	sana
Happy New Year!	عام جديد سعيد!	aam jadeed sa'eed
Happy Birthday!	عيد ميلاد سعيد!	eed meelaad sa'eed

Months

	Most Arab countries		Syria/ The Levant	
January	يناير	yanaayir	كانون الثاني	kaanoon al-taanee
February	فبراير	fibraayir	شباط	shubaat
March	مارس	mars	آذار	azaar
April	ابريل	ebreel	نيسان	nisaan
May	مايو	maayo	أيار	ayaar
June	يونيو	yooniyoo	حزيران	Haziraan
July	يوليو	yooliyoo	تموز	tammooz
August	أغسطس	aghustus	آب	ab
September	سبتمبر	septembir	أيلول	aylool

October	أكتوبر *octobir*	تشرين الأول *tishreen al-ohwal*
November	نوفمبر *novembir*	تشرين الثاني *tishreen al-taanee*
December	ديسمبر *decembir*	كانون الأول *kaanoon al-ohwal*

Seasons

spring	الربيع *al-rabee'*
summer	الصيف *al-sayf*
fall [autumn]	الخريف *al-khareef*
winter	الشتاء *al-shitaa'*

Holidays

January 1: New Year's Day *(except the Gulf)*

Easter: *(celebrated everywhere except the Gulf)*

May 1: Labor Day

December 25: Christmas Day

عيد الفطر *'ayd al-fitr:* Feast of breaking the fast celebrates the end of Ramadan (the Muslim holy month).

عيد الأضحى *'ayd al-azHa:* Feast of the Sacrifice comes 70 days after Ramadan and lasts four days.

رأس السنة الهجرية *ras al-sana al-hijreeya:* Islamic New Year

عيد المولد النبوي *'ayd al-mohlid al-nabawee:* The Prophet Muhammad's Birthday

Conversion Tables

When you know	Multiply by	To find
ounces	28.3	grams
pounds	0.45	kilograms
inches	2.54	centimeters
feet	0.3	meters
miles	1.61	kilometers
square inches	6.45	sq. centimeters
square feet	0.09	sq. meters
square miles	2.59	sq. kilometers
pints (U.S./Brit)	0.47/0.56	liters
gallons (U.S./Brit)	3.8/4.5	liters
Fahrenheit	-32, / 1.8	Celsius
Celsius	+32 , x 1.8	Fahrenheit

Kilometers to Miles Conversions

1 km = 0.62 miles		**20 km** = 12.4 miles	
5 km = 3.1 miles		**50 km** = 31 miles	
10 km = 6.20 miles		**100 km** = 62 miles	

Measurement

1 gram	= **1000 milligrams**	= 0.035 oz.
1 kilogram (kg)	= **1000 grams**	= 2.2 lb
1 liter (l)	= **1000 milliliters**	= 1.06 U.S./0.88
1 centimeter	= **10 millimeters**	= 0.4 inch (cm)
1 meter (m)	= **100 centimeters**	= 39.37 inches/ 3.28 ft.
1 kilometer	= **1000 meters**	= 0.62 mile (km)

Temperature

-40°C = -40°F	**-1**°C = 30°F	**20**°C = 68°F
-30°C = -22°F	**0**°C = 32°F	**25**°C = 77°F
-20°C = -4°F	**5**°C = 41°F	**30**°C = 86°F
-10°C = 14°F	**10**°C = 50°F	**35**°C = 95°F
-5°C = 23°F	**15**°C = 59°F	

Oven Temperature

100° C = 212° F	**177**° C = 350° F
121° C = 250° F	**204**° C = 400° F
149° C = 300° F	**260**° C = 500° F

Dictionary

سيارة الإسعاف sayaarat al-is'aaf

American adj أمريكي amreekee

amusement park مدينة الملاهي madeenat al-malaahee

anemic مصاب بفقر الدم muSaab bi-fuqr ad-damm

...thesia تخدير takhdeer

...al Haywaan حيوان

... كاحل kaaHil

... آخر aakhar

... المضادات الحيوية al-Hayawaya

... محل النانتيكات ...ekaat

... مقعم مريم ...qqa

...ay shay

arthritis التهاب مفاصل iltihaab mafaaSil

aspirin أسبرين asbireen

assistance مساعدة musaa'a...

asthmatic مريض mareeD bir...

ATM الصراف الآلي aS-Saraaf al-aalee

attack (on person) اعتداء أ... a'...

attraction (sightseeing) المعلم ع... al-ma'allim ar-ra'e...

attractive (person) جذاب jadha...

Australia أستراليا ustraaleeyae...

Australian أسترالي ustraalee

automatic أوتوماتيكي awtoomaateekee

available غير مشغول ghayr mashghool

B

baby رضيع raDee'

baby bottle

A

accept يقبل yaqbal

access مدخل madkhal

access v (internet) يدخل yadkhul

accident حادث Haadith

accompany يرافق yuraafiq

account حساب Hisaab

acetaminophen سيتامول seetaamool

acupuncture علاج بالإبر 'ilaaj bil-ibar

adapter محول muHawwil

address عنوان 'unwaan

admission رسم الدخول
(to museum etc) rasm ad-dukhool

after بعد ba'ad

afternoon بعد الظهر ba'ad aZ-Zuhr

aftershave عطر بعد الحلاقة
'uTr ba'ad al-Halaaqa

age عمر 'umr

agency وكالة wakaala

AIDS أيدز aydz

air conditioner مكيف الهواء
mukayyif al-hawaa'

airline خطوط جوية
khuTooT jaweeya

airplane طائرة Taa'ira

airport مطار maTaar

air pump منفاخ minfaakh

aisle seat مقعد على الممشى
maq'ad 'ala al-mamsha

Algeria الجزائر al-jazaa'ir

Algerian جزائري jazaa'iree

allergic يعاني من الحساسية
yu'aanee min al-Hasaaseeya

allowed مسموح masmooH

alone بمفرده bi-munfaridih

alter يعدل yu'addil

alternate route طريق آخر
Tareeq aakhar

aluminum foil رقائق المنيوم
raqaa'iq aluminyoom

amazing مدهش mud-hish

ambulance سيارة الإسعاف
sayaarat al-is'aaf

American adj أمريكي amreekee

amusement park مدينة الملاهي
madeenat al-malaahee

anemic مصاب بفقر الدم
muSaab bi-fuqr ad-damm

anesthesia تخدير takhdeer

animal حيوان Haywaan

ankle كاحل kaaHil

another آخر aakhar

antibiotics المضادات الحيوية muDadaat
al-Hayawaya

antiques store محل الأنتيكات
maHal al-anteekaat

antiseptic cream كريم معقم
kreem mu'aqim

anything أي شيء ay shay

apartment شقة shiqqa

appendix الزائدة الدودية
az-zaa'idat ad-doodeeya

appointment موعد maw'id

Arab (person) عربي 'arabee

Arabic adj عربي 'arabee; n (language)
العربية al-'arabeeya

arcade قاعة الألعاب qaa'at al-al'aab

area code رمز المنطقة
ramz al-manTaqa

arm ذراع dhiraa'

aromatherapy علاج أروماتي al-baHrayn
'ilaaj aroomaatee
arrivals (airport) الوصول al-wuSool
arrive يصل yaSil
arthritis التهاب مفاصل
iltihaab mafaaSil
aspirin أسبرين asbireen
assistance مساعدة musaa'ada
asthmatic مريض بالربو mareeD bir-rabu
ATM الصراف الآلي
aS-Saraaf al-aalee
attack (on person) اعتداء i'atidaa'
attraction (sightseeing) المعلم الرئيسية
al-ma'allim ar-ra'eeseeya
attractive (person) جذاب jadhaab
Australia أستراليا ustraaleeyaa
Australian أسترالي ustraalee
automatic أوتوماتيكي awtoomaateekee
available غير مشغول
ghayr mashghool

B

baby رضيع raDee'
baby bottle رضاعة riDaa'a
baby food طعام للرضع
Ta'aam lir-raDa'
babysitter مربية أطفال
murabeeyat aTfaal
baby wipe محارم للطفل
maHaarim liT-Tifl
back (of body) ظهر Zuhr
backache ألم في الظهر
alam fee iZ-Zuhr
backpack حقيبة ظهر Haqeeba Zuhr
bad رديء radee'
bag كيس kees
baggage claim استلام الحقائب istilaam
al-Haqaa'ib

Bahrain البحرين al-baHrayn
Bahraini بحريني baHraynee
bakery المخبز al-makhbaz
ballet عرض باليه 'arD baalayh
bandage ضمادات Damaadaat
ban بنك bank
bank بنك bank
bar بار baar
barber حلاق رجالي Halaaq rijaalee
baseball البايسبول al-baysbool
basket سلة silla
basketball كرة السلة kurrat as-silla
bathroom حمام Hamaam
battery بطارية baTaareeya
be يكون yakoon
beach شاطىء shaaTee'
beautiful جميل jameel
bed سرير sareer
before قبل qabl
begin يبدأ yabda'
beginner مبتدىء mubtadi'
behind خلف khalf
beige بيج bayj
belt حزام Hizaam
best الأحسن al-aHsan
bet n مراهنة muraahana
better أفضل afDal
bicycle دراجة daraaja
big كبير kabeer
bikini wax شمع خط البيكيني
shama' khaT al-beekeenee
bill n حساب Hisaab
bird طير Tayr
birthday عيد ميلاد 'eed meelaad
black أسود aswad
bladder مثانة mathaana
blanket بطانية baTaaneeya
bleed ينزف yanzif

blender خلاط *khalaaT*

blood دم *damm*

blood pressure ضغط الدم *DaghuT ad-damm*

blouse بلوزة *blooza*

blue أزرق *azraq*

boarding pass بطاقة صعود *biTaaqat Su'ood*

boat قارب *qaarib*

boat trip رحلة بالقارب *riHla bil-qaarib*

bone عظم *'aZm*

book كتاب *kitaab*

bookstore مكتبة *maktaba*

boot جزمة *jazma*

boring ممل *mumill*

botanical garden حديقة النباتات *Hadeeqat an-nabaataat*

bottle زجاجة *zujaaja*

bottle opener فتاحة زجاجات *fataaHa zujaajaat*

bowl زبدية *zubdeeya*

box علبة *'ulba*

boxing ملاكمة *mulaakama*

boy صبي *Sabee*

boyfriend صاحب *SaaHib*

bra حمالة صدر *Hamaala Sadr*

bracelet سوار *siwaar*

brake فرامل *faraamil*

break (tooth, bone) يكسر *yukassir*

breakdown تعطل *ta'Tul*

breakfast فطور *fuToor*

break-in اقتحام *iqtiHaam*

breast ثدي *thaddee*

breastfeed ترضّع *turaDDi'*

breath يتنفس *yatanaffas*

bridge جسر *jisr*

briefs سروال داخلي *sirwaal daakhilee*

bring يجلب *yajlib*

British adj بريطاني *breeTaanee*

broken مكسور *maksoor*

brooch بروش *broosh*

broom مكنسة *miknasa*

brother أخ *akh*

brown بني *bunnee*

bugs حشرات *Hasharaat*

building مبنى *mabna*

burn n حرق *Harq*

bus باص *baaS*

bus station محطة الباص *maHaTat al-baaS*

bus stop موقف الباص *mawqif al-baaS*

bus ticket تذكرة للباص *tadhkara lil-baaS*

bus tour جولة بالباص *jawla bil-baaS*

business أعمال *a'maal*

business card كرت الأعمال *kart al-a'maal*

business center مركز الأعمال *markaz al-a'maal*

business class درجة الأعمال *darajat al-a'maal*

business hours أوقات العمل *awqaat al-'amal*

busy مشغول *mashghool*

butcher لحام *laHaam*

butter زبدة *zibda*

buttock ردفين *ridfayn*

buy v يشتري *yashtaree*

bye مع السلامة *ma' as-salaama*

cabin كابينة kaabeena
cafe مقهى maqha
call (telephone) يتصل yattaSil
call collect كلفة المكالمة على المتصل kulfat al-mukaalama ʿala al-muttaSil
calorie حريرات Hurayraat
camera كاميرا kaameeraa
camera store محل الكاميرات maHal al-kaameeraat
camp v يخيم yukhayyam
camping stove فرن مخيم furn mukhayyam
campsite مخيم mukhayyam
Canada كندا kanadaa
Canadian كندي kanadee
cancel الغي alghee
car سيارة sayaara
car hire [BE] تأجير السيارات taʾjeer as-sayaaraat
car park [BE] موقف السيارات mawqif as-sayaaraat
car rental تأجير السيارات taʾjeer as-sayaaraat
car seat مقعد سيارة maqʿad sayaara
carafe إبريق ibreeq
card بطاقة biTaaqa
carry-on (piece of hand luggage) حقيبة يد Haqeeba yad
cart (for luggage, shopping) عربة ʿaraba
carton كرتونة kartoona
cash كاش kaash
cash advance دفعة مسبقة dufʿa musabbaqa
cashier محاسب muHaasib
casino كازينو kazeenoo

castle قلعة qalʿa
cave كهف kahf
CD سي دي see dee
cell phone هاتف نقال haatif naqaal
Celsius سلسيوس silseeyoos
centimeter سنتيمتر centimeter
certificate شهادة shahaada
chair كرسي kursee
change v (baby) يغير حفاظ الطفل yughayir HifaaD aT-Tifl; v (money) يبدل yubaddil; v (travel) يغير yughayir
charcoal فحم faHm
charge v يطلب yaTlub; n (cost) سعر siʿr
cheap رخيص rakheeS
check (in restaurant) حساب Hisaab; n (payment) شيك sheek; v يفحص yafHaS; n (luggage) يودع الأمتعة yuwadiʿ al-amtiʿa
check-in إجراءات السفر ijraʾaat as-safar
checking account حساب الجاري Hisaab al-jaaree
check-out (from hotel) مغادرة الفندق mughaadarat al-funduq
chemical toilet تواليت كيميائي at-toowaaleet al-kimiyaaʿee
chemist [BE] صيدلية Saydleeya
cheque [BE] شيك sheek
chest صدر Sadr
chest pain ألم في الصدر alam fee iS-Sadr
chewing gum علكة ʿilka
child طفل Tifl
children's menu قائمة طعام للأطفال

qaa'imat Ta'aam lil-aTfaal

children's portion وجبات أصغر للأطفال
wajabaat aSghar lil-aTfaal

child's seat كرسي خاص للأطفال kursee
khaaS lil-aTfaal

chopstick عيدان صينية للأكل 'eedaan
Seeneeya lil-akul

church كنيسة kaneesa

cigar سيجار seegaar

cigarette سجائر sijaa'ir

claim form استمارة مطالبة
istimaara muTaalaba

class (in school) صف Saff

classical music موسيقى كلاسيكية
mooseeqa klaaseekeeya

clean adj نظيف naZeef

cleaning supplies مواد تنظيف mawaad
tanZeef

cliff منحدر munHadar

cling film [BE] غلاف نايلون
ghilaaf naayloon

clock ساعة حائطية saa'a Haa'iTeeya

close (near) قريب qareeb; v يغلق yaghliq

closed مغلق mughlaq

clothes ملابس malaabis

clothing store محل الملابس
maHal al-malaabis

club نادي naadee

coat معطف mi'Taf

coffee shop مقهى maqha

coin قطعة نقدية
qiT'a naqdeeya

colander مصفاة miSfaah

cold adj بارد baarid;
n (illness) رشح rashH

colleague زميل zameel

cologne كولونيا kooloonyaa

color صبغة Sabgha

comb مشط mishT

come يأتي ya'tee

complaint شكوى shakwa

computer كومبيوتر kumbyootir

concert حفلة موسيقية
Hafla mooseeqeeya

concert hall قاعة الحفلات الموسيقية
qaa'at al-Haflaat al-mooseeqeeya

conditioner بلسم balsam

condom واقي ذكري waaqee dhikree

conference مؤتمر mu'tamar

confirm يؤكد yu'akid

congestion احتقان iHtiqaan

connect يتصل yuttaSil

connection (travel) تبديل طائرة tabdeel
Taa'ira; **(internet)** اتصال ittiSaal

constipated مصاب بإمساك
muSaab bi-imsaak

consulate قنصلية qunSuleeya

consultant مستشار mustashaar

contact v يتصل yuttaSil

contact lens عدسة لاصقة
'adasa laaSiqa

contact lens solution
محلول للعدسات اللاصقة
maHlool lil-'adasaat al-laaSiqa

contagious معد mu'din

convention hall قاعة المؤتمرات qaa'at
al-mu'tamaraat

cook v يطبخ yaTbukh

cooking facilities لوازم طبخ lawaazim
Tabkh

cooking gas غاز الطبخ
ghaaz aT-Tabkh

cool (temperature) بارد قليلاً baarid
qaleelan

copper نحاس *nuHaas*

corkscrew فتاحة النبيذ *fataaHat an-nabeedh*

corner زاوية *zaaweeya*

cost v يكلف *yukalif*

cot سرير قابل للطوي *sareer qaabil liT-Tawwi*; [BE] سرير أطفال *sareer aTfaal*

cotton قطن *quTn*

cough n سعال *su'aal*

country code رمز البلد *ramz al-balad*

cover charge رسم الخدمة *rasm al-khidma*

cramps تشنج *tashannuj*

crash n (in car) حادث اصطدام *Haadith iالسTidaam*

cream (ointment) مرهم *marham*

credit ائتمان *i'timaan*

credit card بطاقة ائتمان *biTaaqat al-i'timaan*

crew neck ياقة مدورة *yaaqa mudawwara*

crib سرير أطفال *sareer aTfaal*

crystal كريستال *kreestaal*

cup فنجان *finjaan*

currency عملة *'umla*

currency exchange تبديل العملات *tabdeel al-'umlaat*

currency exchange office مكتب تبديل العملات *maktab tabdeel al-'umlaat*

customs الجمرك *al-jumruk*

customs declaration form تصريح جمركي *taSreeH jumrukee*

cut n جرح *jurH*; v (hair) يقص *yaquSS*

cute جميل *jameel*

cycling ركوب الدراجة *rukoob ad-daraaja*

D

dairy منتجات الألبان *muntajaat al-albaan*

damaged تالف *taalif*

dance v يرقص *yarquS*

dance club نادي للرقص *naadee lir-raqS*

dancing الرقص *ar-raqS*

dangerous خطير *KhaTeer*

dark غامق *ghaamik*

date (on calendar) تاريخ *ta'reekh*

day يوم *yawm*

deaf أصم *aSam*

debit سحب من الحساب الجاري *saHab min al-Hisaab al-jaaree*

deck chair كرسي للشاطئ *kursee lish-shaaTee'*

degrees (temperature) درجات *darajaat*

delay n يتأخر *yata'akhar*

delete v يمحي *yamHi*

delicatessen محل الأطعمة الفاخرة *maHal al-aT'imat al-faakhira*

delicious لذيذ *ladheedh*

denim جينز *jeenz*

dentist طبيب أسنان *Tabeeb asnaan*

deodorant مزيل الرائحة *muzeel ar-raa'iHa*

department store محل تجاري *maHal tijaaree*

departure gate بوابات السفر *bawaabaat as-safar*

departures (airport) مغادرة
mughaadara

deposit عربون 'arboon; (at bank) إيداع
eedaa'

desert صحراء SaHraa'

detergent منظف munaZZif

detour تحويلة taHweela

develop (film) تحميض taHmeeD

diabetic مريض بالسكري
mareeD bis-sukaree

dial v يضغط yiDghuT

diamond ألماس al-maas

diaper حفاظ HifaaZ

diarrhea إسهال is-haal

diesel ديزل deezil

difficult صعب Su'ub

digital دجيتال dijeetaal

digital camera كاميرا دجيتال kaameeraa
dijeetaal

digital photo صور دجيتال
Suwwar dijeetaal

digital print صور دجيتال
Suwwar dijeetaal

dining room غرفة الطعام
ghurfat aT-Ta'aam

dinner عشاء 'ashaa'

direction اتجاه itijaah

dirty وسخ wisikh

disabled معاق mu'aaq

disabled-accessible [BE] مكان مجهز
لاستقبال المعاقين makaan mujahhaz
li-istiqbaal al-mu'aaqeen

disabled toilet [BE]
تواليت خاص للمعاقين
toowaaleet khaaS lil-mu'aaqeen

disconnect يقطع الاتصال
yaqTa' al-ittiSaal

discount تخفيض takhfeeD

dish صحن SaHn

dishwasher غسالة الصحون
ghasaalat aS-SuHoon

dishwashing liquid
سائل لغسيل الصحون
saa'il li-ghaseel aS-SuHoon

display case فترينا fitreenaa

disposable موس الحلاقة للاستعمال مرة
واحدة moos al-Halaaqa lil-isti'maal
marra waaHida

dive v يغطس yaghTus

diving equipment معدات الغوص
mu'iddaat lil-ghawS

divorced مطلق muTallaq

dizzy يشعر بدوار yash'ur bi-duwaar

doctor طبيب Tabeeb

doll دمية dumya

dollar دولار doolaar

domestic محلي maHalee

door باب baab

dormitory غرفة نوم
ghurfa nawm

double bed سرير مزدوج
sareer muzdawwaj

double room غرفة مزدوجة
ghurfa muzdawwaja

downtown (direction) باتجاه مركز
المدينة bi-ittijah markaz al-madeena

downtown area مركز المدينة markaz
al-madeena

dozen دزينة duzeena

dress (woman's) فستان fustaan

dress code لباس مناسب
libaas munaasib

drink n مشروب mashroob; v
يشرب yashrab

drinks menu قائمة المشروبات *qaa'imat al-mashroobaat*

drive v يقود *yaqood*

driver's license رخصة قيادة *rukhSa qeeyaada*

drop (of liquid) قطرة *qaTra*

drowsiness خمول *khumool*

dry cleaner محل تنظيف ألبسة *maHal tanZeef albisa*

dummy [BE] لهّاية *lahaaya*

during خلال *khilaal*

duty (customs) رسوم *rusoom*

duty-free goods بضائع معفية من الضرائب *biDaa'i' mu'feeya min aD-Daraa'ib*

DVD دي في دي *dee fee dee*

E

ear أذن *udhn*

earache ألم في الأذن *alam fee il-udhn*

early مبكر *mubakkir*

earrings حلق *Halaq*

east شرق *sharq*

easy سهل *sahil*

eat يأكل *ya'kul*

economy class درجة سياحية *daraja seeyaHeeya*

Egypt مصر *muSr*

Egyptian مصري *muSree*

elbow مرفق *mirfaq*

electric outlet مأخذ كهرباء *ma'khadh kahrabaa'*

elevator مصعد *miS'ad*

e-mail بريد إلكتروني *bareed iliktroonee*

e-mail address عنوان الكتروني *'unwaan iliktroonee*

emergency طوارىء *Tawaari'*

emergency exit مخرج الطوارئ *makhraj aT-Tawaari'*

empty adj فارغ *faarigh*

enamel (jewelry) خزف *khazaf*

end v ينتهي *yantahee*

engaged خاطب *khaaTib*

English (language) الانكليزية *al-ingleezeeya*

engrave ينقش *yunqush*

enjoy يستمتع *yastamata'*

enter يدخل *yadkhul*

entertainment تسلية *tasleeya*

entrance مدخل *madkhal*

envelope ظرف *Zarf*

epileptic مصاب بداء الصرع *muSaab bidaa' aS-Sura'*

equipment معدات *mu'idaat*

escalator سلالم كهربائية *salaalim kahrabaa'eeya*

e-ticket تذكرة الكترونية *tadhkarat iliktrooneeya*

e-ticket check-in إجراءات السفر للتذاكر الالكترونية *ijra'aat as-safar lit-tadhaakir al-iliktrooneeya*

evening مساء *masaa'*

excess luggage وزن أمتعة زائد *wazn amti'a zaa'id*

exchange v يبدل *yubaddil*

exchange fee رسم الصرف *rasm aS-Sarf*

exchange rate سعر الصرف *si'r aS-Sarf*

excursion رحلة *riHla*

exhausted منهك *munhak*

exit v يخرج *yakhruj*; n خروج *khurooj*

expensive غالي *ghaalee*

experienced متمرس *mutamarras*

express سريع *saree'*

express bus باص سريع
baaS saree'

express train قطار سريع
qiTaar saree'

extension رقم فرعي *raqm far'ee*

extra إضافي *iDaafee*

extra large كبير جداً *kabeer jiddan*

extract v (tooth) يخلع *yakhla'*

eye عين *'ayn*

F

face وجه *wajah*

facial n تنظيف الوجه
tanZeef al-wajah

family عائلة *'aa'ila*

fan (appliance) مروحة *marwaHa*

far بعيد *ba'eed*

farm مزرعة *mazra'a*

far-sighted مصاب بمد النظر *muSaab bi-madd an-naZar*

fast سريع *saree'*

fast-food place
مطعم للوجبات السريعة
maT'am lil-wajabaat as-saree'a

fat free خال من الدسم *khaal min ad-dasm*

father أب *ab*

fax فاكس *faaks*

fax number رقم الفاكس
raqm al-faaks

fee رسم *rasm*

feed v (baby) يطعم *yuT'im*

ferry معدية *mu'deeya*

fever حرارة مرتفعة
Haraara murtafi'a

field حقل *Haql*

fill out (form) يملأ *yimlaa*

fill up (tank) يملأ *yimlaa*

filling (in tooth) حشوة *Hashwa*

film (camera) فيلم *feelm*

fine (good) جيد *jayyid*; (for breaking law) مخالفة *mukhaalafa*

finger إصبع *iSba'*

fingernail ظفر *Zifr*

fire حريق *Hareeq*

fire department الإطفاء *al-iTfaa'*

fire door مخرج الحريق
makhraj al-Hareeq

first أول *awal*

first class درجة أولى *darajat oola*

fit v (clothing) يقيس *yaqees*

fitting room غرفة القياس *ghurfat al-qeeyaas*

fix v يصلح *yuSalliH*

fixed-price سعر محدد
si'r muHaddad

flashlight فلاش *flaash*

flash photography
تصوير بالفلاش
taSweer bil-flaash

flat (on vehicle) بنشر *bunshur*

flight رحلة جوية *riHla jaweeya*

floor (underfoot) أرض *arD*

florist محل الزهور *maHal az-zuhoor*

flower زهرة *zahra*

folk music الموسيقى الشعبية *al-mooseeqa ash-sha'abeeya*

food طعام *Ta'aam*

food processor فرامة *faraama*

foot قدم *qadam*

football [BE] كرة القدم
kurrat al-qadam

for لـ *li-*

forecast توقعات الطقس
tawqu'aat aT-Taqs
forest غابة *ghaaba*
fork شوكة *shawka*
form (to fill in) استمارة
istimaara
formula (for baby) طعام للرضع *Ta'aam lir-raDa'*
fort حصن *HiSn*
fountain نافورة *naafoora*
free مجاني *majaanee*
freezer فريزر *fireezir*
friend صديق *Sadeeq*
from من *min*
frying pan مقلاة *miqlaah*
full-service خدمة كاملة
khidma kaamila

G

game لعبة *lu'ba*
garage جراج *garaaj*
garbage bag كيس قمامة
kees qamaama
gas بنزين *binzeen*
gas station محطة البنزين
maHaTat al-binzeen
gate (at airport) بوابة
bawaaba
gel جل *jil*
generic drug
دواء بدون علامة تجارية
dawaa' bidooni 'alaama tijaareeya
get off (a train/bus/subway)
ينزل *yanzil*
gift هدية *hadeeya*
gift shop محل الهدايا التذكارية *maHal al-hadaayaa at-tidhkaareeya*
girl بنت *bint*

girlfriend صاحبة *SaaHiba*
give يعطي *ya'Tee*
give way [BE] أعط أحقية الطريق *a'aT aHaqeeyat aT-Tareeq*
glass (for drink) كأس *ka's;* (material) زجاج *zujaaj*
glasses نظارات *naZaaraat*
go يذهب *yadh-hab*
gold ذهب *dhahab*
golf جولف *golf*
golf club مضارب غولف
maDaarib golf
golf course أرض الغولف *arD al-golf*
good جيد *jayyid*
goodbye مع السلامة *ma' as-salaama*
good afternoon مساء الخير
masaa' al-khayr
good evening مساء الخير
masaa' al-khayr
good morning صباح الخير
SabaaH al-khayr
gram غرام *gram*
grandchild حفيد *Hafeed*
grandparent جد *jadd*
gray رمادي *ramaadee*
green أخضر *akhDar*
grocery store محل الخضار
maHal al-khuDaar
groundcloth حصيرة *HaSeera*
ground floor الطابق الأرضي
aT-Taabiq al-arDee
ground-floor room
غرفة في الطابق الأرضي
ghurfa fee iT-Taabiq al-arDee
groundsheet [BE] حصيرة *HaSeera*
group مجموعة *mujmoo'a*
guide دليل *daleel*

guide (book) كتاب عن المكان
kitaab 'an al-makaan

guide dog كلب إرشاد العميان
kalb irshaad al-'umyaan

Gulf (Persian) الخليج العربي
al-khaleej al-'arabee

gym جيمنازيوم *jeemnaaziyoom*

gynecologist طبيب نسائي
Tabeeb nisaa'ee

H

hair شعر *sha'r*

hairbrush فرشاة الشعر
furshaat ash-sha'r

haircut قصة شعر *qaSSa sha'r*

hair dryer مجفف شعر
mujaffif sha'r

hair salon صالون كوافير
Saaloon koowaafeer

hairspray مثبت الشعر
muthabbit ash-sha'r

hairstylist كوافير *koowaafeer*

half نصف *nusf*

half-kilo نصف كيلو *nusf-kilo*

hammer مطرقة *miTraqa*

hand يد *yad*

handbag [BE] حقيبة يد
Haqeeba yad

hand luggage [BE] حقيبة يد *Haqeeba yad*

handicapped معاق *mu'aaq*

handicapped-accessible خاص للمعاقين
khaaS lil-mu'aaqeen

happen يحصل *yaHSal*

happy سعيد *sa'eed*

hat قبعة *qub'a*

hay fever حمى القش *Hummi il-qash*

head رأس *ra's*

headache صداع *Sudaa'*

headphones سماعات *samaa'aat*

health صحة *SiHHa*

health food store
محل الأطعمة الصحية
maHal al-aT'imat aS-SiHHeeya

hearing impaired سمعه ضعيف
sam'i Da'eef

heart قلب *qalb*

heart condition قصور في القلب *quSoor fee il-qalb*

heat الحر *al-Hurr*

heater سخان *sakhaan*

heating [BE] تدفئة *tadfi'a*

hello السلام عليكم
as-salaam 'alaykum

helmet خوذة *khoodha*

help n مساعدة *musaa'ada*

here هنا *huna*

hi مرحبا *marHaban*

high عالي *'aalee*

high blood pressure
ضغط دم مرتفع
DaghuT damm murtafi'

highchair كرسي عالٍ *kursee 'aalin*

highlights (in hair)
هاي لايت *haay laayt*

highway الطريق السريع
aT-Tareeq as-saree'

hiking boots جزمة مريحة للمشي *jazma mareeHa lil-mashi*

hill تل *till*

hire [BE] يستأجر *yasta'jir*

hire car [BE] سيارة مستأجرة
sayaara musta'jara

hitchhike طلب توصيل *Talb tawSeel*

hold on (telephone) ينتظر *yantaZir*

holiday [BE] إجازة ijaaza
horsetrack طريق للخيول
Tareeq lil-khuyool
hospital مستشفى mustashfa
hostel نزل nuzul
hot ساخن saakhin; (spicy) حار Haar
hotel فندق funduq
hour ساعة saa'a
house بيت bayt
housekeeping services
خدمات تنظيف khidmaat tanZeef
how كيف kayf
how much كم الحساب kam al-Hisaab
hug v يعانق yu'aaniq
hungry جائع jaa'i'
hurt v يؤلم yu'alim
husband زوج zawj

I

ibuprofen إيبوبروفين eeboobroofeen
ice machine ماكينة ثلج
maakeena thalj
icy يوجد جليد yoojad jileed
ID هوية شخصية haweeya shakhSeeya
ill [BE] مريض mareeD
in في fee
include يشمل yashmal
indoor pool مسبح مسقوف
masbaH masqoof
inexpensive غير مكلف ghayr muklif
infected ملتهب multahib
information معلومات ma'loomaat
information desk استعلامات isti'lamaat
insect bite لدغة الحشرات
ladghat al-Hasharaat
insect repellent مادة طاردة للحشرات
maada Taarida lil-Hasharaat
insert v يدخل yadkhil

inside الداخل ad-daakhil
insomnia أرق araq
instant messenger ماسنجر
maasinjar
insulin انسولين insooleen
insurance تأمين ta'meen
insurance card بطاقة تأمين biTaaqat
ta'meen
insurance company شركة التأمين shirkat
at-ta'meen
interesting مثير للاهتمام
mutheer lil-ihtimaam
international دولي doowalee
International Student Card
بطاقة طالب دولية
biTaaqa Taalib doowaleeya
internet إنترنت internet
internet cafe مقهى إنترنت
maqha internet
interpreter مترجم mutarjim
intersection ملتقى الطرق multaqee
aT-Turuq
intestine أمعاء am'aa'
introduce يقدم yuqaddim
invoice n محاسبة muHaasaba
Iran إيران eeraan
Iranian إيراني eeraanee
Iraq العراق al-'iraaq
Iraqi عراقي 'iraaqee
Ireland أيرلندا eerlandaa
Irish أيرلندي eerlandee
iron (for clothes) مكواة mikwa
Israel إسرائيل israa'eel

J

jacket جاكيت jaakeet
jar مرطبان marTabaan
jaw فك fakk

jazz موسيقى الجاز
mooseeqa al-jaaz

jazz club نادي لموسيقى الجاز *naadee li-mooseeqa al-jaaz*

jeans بنطلون جينز
banTaloon jeenz

jet ski جت سكي *jet-ski*

jeweler محل المجوهرات
maHal al-mujawharaat

jewelry مجوهرات *mujawharaat*

joint (of body) مفصل *mifSal*

Jordan الأردن *al-urdun*

Jordanian أردني *urdunee*

K

key مفتاح *miftaaH*

key card كرت المفتاح *kart al-miftaH*

key ring حمالة مفاتيح
Hamaalat mafaateeH

kiddie pool مسبح للأطفال
masbaH lil-aTfaal

kidney (in body) كلية *kulya*

kilo كيلو *kilo*

kilogram كيلوغرام *kilogram*

kilometer كيلومتر *kilometer*

kiss v يبوس *yaboos*

kitchen مطبخ *maTbakh*

kitchen foil [BE] رقائق المنيوم *raqaaîq aluminyoom*

knee ركبة *rukba*

knife سكين *sikeen*

Kuwait الكويت *al-kuwayt*

Kuwaiti كويتي *kuwaytee*

L

lace تخريم *takhreem*

lactose intolerant
يتحسس من اللاكتوز
yataHasas min al-laaktooz

lake بحيرة *buHayra*

large كبير *kabeer*

last آخر *aakhar*

late (time) متأخر *muta'akhir*

launderette [BE] محل تنظيف ألبسة بخدمة ذاتية
maHal tanZeef albisa bi-khidma dhaateeya

laundromat محل تنظيف ألبسة بخدمة ذاتية *maHal tanZeef albisa bi-khidma dhaateeya*

laundry ملابس للغسيل
malaabis lil-ghaseel

laundry facility مغسلة *maghsala*

laundry service خدمة غسيل ملابس
khidma ghaseel malaabis

lawyer محامي *muHaamee*

leather جلد *jild*

leave v (deposit) يترك *yatruk*; (go away) يغادر *yughaadir*; (airplane) تغادر *tughaadir*

Lebanese لبناني *lubnaanee*

Lebanon لبنان *lubnaan*

left (direction) يسار *yasaar*

leg ساق *saaq*

lens عدسة *'adasa*

less أقل *aqal*

lesson درس *dars*

letter رسالة *risaala*

library مكتبة *maktaba*

Libya ليبيا *leebeeyaa*

Libyan ليبي *leebee*

life boat قارب النجاة *qaarib an-najaa*

lifeguard منقذ *munqidh*

life jacket سترة النجاة *sitrat an-najaa*

lift [BE] مصعد *miS'ad*

light فاتح *faatiH*; n ضوء *Daw'*; v يشعل *yash'al* (cigarette)

187

lightbulb لمبة *lamba*
lighter ولاعة *walaa'a*
like v يحب *yuHibb*
line خط *khaT*
linen كتان *kataan*
lip شفة *shiffa*
liquor store
محل المشروبات الكحولية
maHal al-mashroobaat al-kuHooleeya
liter ليتر *liter*
little صغير *Sagheer*
live v يعيش *ya'eesh*
live music موسيقى حية
mooseeqa Haya
liver (in body) كبد *kabd*
loafers موكاساان *mookaasaan*
local محلي *maHalee*
lock n قفل *qifl*
lock up يقفل *yaqful*
locker خزانة *khazaana*
log off يخرج من الإنترنت
yakhruj min al-internet
log on يدخل على الإنترنت
yadkhul 'ala al-internet
login دخول *dukhool*
long طويل *Taweel*
long-sighted [BE] مصاب بمد النظر
muSaab bi-madd an-naZar
look v يشوف *yashoof*
loose (fit) واسع *waasi'*
lose (something) يفقد *yafqud*
lost تائه *taa'ih*
lost and found الأمتعة المفقودة
al-amti'at al-mafqooda
lost property [BE] الأمتعة المفقودة
al-amti'at al-mafqooda
lotion غسول *ghasool*

love n محبة *maHabba*;
v **(someone)** يحب *yuHibb*
low منخفض *munkhafiD*
low blood pressure
ضغط دم منخفض
DaghuT damm munkhafiD
luggage أمتعة *amti'a*
luggage cart عربات الأمتعة
arabaat al-amti'a
luggage locker خـزائـن الأمتعة *khazaa'in*
al-amti'a
luggage trolley [BE] عربات الأمتعة
'arabaat al-amti'a
lunch غذاء *ghadhaa'*
lung رئة *ri'a*
luxury car سيارة فخمة
sayaara fakhma

M

magazine مجلة *majalla*
magnificent جميل جداً
jameel jiddan
mail n بريد *bareed*
mailbox صندوق البريد
Sundooq al-bareed
mall مركز تجاري *markaz tijaaree*
man رجل *rajul*
manager مدير *mudeer*
manicure منيكور *maneekoor*
manual (car) بغيار عادي
bi-ghiyar 'aadee
map خريطة *khareeTa*
market سوق *sooq*
married متزوج *mutazawwij*
mass (in church) قداس *qudaas*
massage مساج *masaaj*
match (game) لعبة *lu'ba*
matches كبريت *kibreet*

meal وجبة wajba

mean v يعني ya'nee

measuring cup فنجان للعيار
finjaan lil-'ayaar

measuring spoon ملعقة للعيار mil'aqa
lil-'ayaar

mechanic ميكانيكي meekaaneekee

medication دواء dawaa'

medicine دواء dawaa'

medium (size) متوسط mutawassiT

meet v يلتقي yaltaqee

meeting اجتماع ijtimaa'

meeting room قاعة اجتماعات
qaa'at ijtimaa'aat

membership card بطاقة عضوية biTaaqa
'uDweeya

memory card كرت ذاكرة kart dhaakira

mend [BE] يصلح yuSalliH

menu قائمة الطعام qaa'imat aT-Ta'aam

menu of the day طبق اليوم
Tabaq al-yawm

merge يدخل في السير
yadkhul fee is-sayr

message رسالة risaala

microwave مايكروويف
meekroowayif

microwaveable
مناسب للمايكروويف
munaasib lil-meekroowayif

midday [BE] منتصف النهار
muntaSif an-nahaar

midnight منتصف الليل
muntaSif al-layl

mileage المسافة المقطوعة
al-masaafat al-maqToo'a

mini-bar ميني بار
meenee baar

minimum age أدنى adna

minute دقيقة daqeeqa

missing مفقود mafqood

mistake خطأ khaTaa'

mobile home بيت متنقل
bayt mutanaqqal

mobile phone [BE]
هاتف نقال
haatif naqaal

moment لحظة laHZa

money مال maal

month شهر shahr

mop ممسحة mimsaHa

moped دراجة بمحرك
daraaja bi-muHarrik

more أكثر akthar

morning صباح SabaaH

Moroccan مغربي maghribee

Morocco المغرب al-maghrib

mosque جامع jaami'

mother أم umm

motion sickness دوار السفر
dawaar as-safar

motorboat زورق zawraq

motorcycle دراجة نارية
daraaja naareeya

motorway [BE] الطريق السريع aT-Tareeq
as-saree'

mountain جبل jabal

mountain bike دراجة جبلية
daraaja jabaleeya

mousse (hair) موس moos

mouth فم famm

movie فيلم feelm

movie theater صالة سينما
Saala seenimaa

mugging سلب salb

muscle عضلة 'aDla
museum متحف matHaf
music موسيقا mooseeqa
music store محل سيدات الموسيقا
maHal al-mooseeqa
Muslim مسلم muslim

N

nail file مبرد للأظافر
mibrad lil-aZaafir
nail salon صالون تجميل
Saloon tajmeel
name اسم ism
napkin منديل للمائدة
mandeel lil-maa'ida
nappy [BE] حفاضات
HifaaDaat
nationality جنسية jinseeya
nature preserve
محمية طبيعية
maHmeeya Tabee'eeya
nauseous يشعر بغثيان
yash'ur bi-ghathayaan
near قريب qareeb
near-sighted
مصاب بقصر النظر
muSaab bi-qaSr an-naZar
neck رقبة ruqba
necklace عقد 'uqd
newspaper جريدة jareeda
next تالي taalee
nice جميل jameel
night مساء masaa'
nightclub نادي ليلي
naadee laylee
no لا la
non-alcoholic بدون كحول
bi-dooni kuHool

non-smoking
لغير المدخنين
li-ghayr al-mudakhineen
noon منتصف النهار
muntaSif an-nahaar
north شمال shimaal
nose أنف anf
not ليس laysa
nothing لا شيء la shay
notify يخبر yukhbir
now الآن al-aan
number رقم raqm
nurse ممرض mumarriD

O

off (light, TV etc) إيقاف
eeqaaf
office مكتب maktab
office hours أوقات العمل
awqaat al-'amal
off-licence [BE] محل المشروبات الكحولية
maHal al-mashroobaat al-kuHooleeya
oil زيت zayt
OK حسناً Hasanan
old قديم qadeem
old town المدينة القديمة
al-madeenat al-qadeema
Oman عمان 'omaan
Omani عماني 'omaanee
on (light, TV etc) تشغيل
tashgheel
once مرة marra
one واحد waaHid
one-way ذهاب dhihaab
only فقط faqaT
open v يفتح yaftaH;
adj مفتوح maftooH
opposite مقابل muqaabil

optician محل نظارات
maHal naZaaraat

orange (color) برتقالي
burtuqaalee

orchestra أوركسترا
oorkistraa

order v يطلب yaTlub

outdoor pool مسبح masbaH

outside في الخارج fee il-khaarij

overheated ساخن أكثر من اللازم saakhin
akthar min al-laazim

overlook (scenic place)
إطلالة iTlaala

overnight طوال الليل
Tawaal al-layl

oxygen treatment
علاج بالأوكسجين
'ilaaj bil-awksijeen

P

p.m. بعد الظهر ba'ad aZ-Zuhr

pacifier لهاية lahaaya

package صندوق Sundooq

paddling pool [BE] مسبح أطفال masbaH
aTfaal

pain ألم alam

pajamas بيجامة beejaama

palace قصر qaSr

Palestine فلسطين filisTeen

Palestinian فلسطيني filisTeenee

pants بنطلون banTaloon

pantyhose كولون kooloon

paper ورق waraq

paper towel مناشف ورقية
manaashif warqeeya

paracetamol [BE] سيتامول seetaamool

park n حديقة عامة Hadeeqat 'aama;
v (car) يصف yaSaff

parking موقف mawqif

parking garage موقف جراج
mawqif garaaj

parking lot موقف سيارات
mawqif sayaaraat

parking meter عداد الموقف
'adaad al-mawqif

part (for car) جزء juz'

part-time دوام جزئي dawaam juz'ee

passenger مسافر musaafir

passport جواز سفر jawaaz safar

passport control
مراقبة جوازات السفر
muraaqaba jawaazaat as-safar

password كلمة مرور
kalima muroor

pastry shop محل حلويات
maHal Hilweeyaat

patch يرقع yuraqi'

path ممر mamar

pay v يدفع yadfa'

pay phone هاتف عام haatif 'aam

peak n قمة qimma

pearl لؤلؤ loo'loo'

pedestrian crossing [BE] عبور مشاة
'uboor mushaa

pedestrian crosswalk عبور مشاة 'uboor
mushaa

pediatrician طبيب أطفال
Tabeeb aTfaal

pedicure بديكور bideekoor

pen قلم qalam

penicillin بنسلين penicillin

penis عضو ذكري 'aDoo dhikree

perfume عطر 'uTr

period (menstruation) عادة شهرية
'aada shahreeya;

مدة mudda (of time)

petite صغير جداً Sagheer jiddan

petrol [BE] بنزين binzeen

petrol station [BE] محطة البنزين
maHaTat al-binzeen

pewter قصدير qaSdeer

pharmacy صيدلية Saydleeya

phone n تلفون tilifoon;
v يتصل yattaSil

phone call اتصال هاتفي
ittiSaal haatifee

phone card بطاقة تلفونية biTaaqa
tilifooneeya

phone number رقم تلفون
raqm tilifoon

photocopy نسخة nuskha

photograph صورة Soora

picnic area منطقة النزهات
manTaqat an-nuz-haat

piece قطعة qiT'a

Pill (contraceptive)
حبوب منع الحمل
Huboob mana' al-Haml

pillow مخدة mikhadda

PIN الرقم السري ar-raqm as-sirree

pink زهري zahree

plan خطة khuTTa

plane طائرة Taa'ira

plastic wrap غلاف نايلون
ghilaaf naayloon

plate صحن SaHn

platform رصيف raSeef; (at station) [BE]
خط khaT

platinum بلاتين blaateen

play n (in theater) مسرحية masraHeeya;
v يلعب yal'ab

playground ملعب mal'ab

playpen مكان محاط بالشباك للعب
makaan muHaaT bish-shubaak lil-la'ab

please من فضلك
min faDlak

plunger غاطس ghaaTis

point v يشير yusheer

poison سم sam

police الشرطة ash-shurTa

police report تقرير الشرطة
taqreer ash-shurTa

police station مركز الشرطة
markaz ash-shurTa

pond بركة baraka

pool مسبح masbaH

pop music موسيقى البوب
mooseeqa al-pop

post [BE] بريد bareed

postbox [BE] صندوق البريد
Sundooq al-bareed

postcard كرت بوستال kart boostaal

post office البريد al-bareed

pot وعاء للطبخ wi'aa' liT-Tabkh

pottery إناء فخاري inaa' fakhaaree

pound (weight) رطل raTl; (sterling)
جنيه استرليني gunay istirleenee

pregnant حامل Haamil

prepaid مسبق الدفع
musabaq ad-dafa'

prescription وصفة طبية
waSfa Tibeeya

press (clothes) يكبس yikbis

price سعر si'r

print v يطبع yaTba'

problem مشكلة mushkila

produce store محل الخضار
maHal al-khuDaar

pull v يسحب yis-Hab

purple بنفسجي *banafsajee*
purse حقيبة يد *Haqeeba yad*
push v يدفع *yadfa'*
pushchair [BE] عربة أطفال
'arabat aTfaal
pyjamas [BE] بيجامة
beejaama

Q

Qatar قطر *qaTar*
Qatari قطري *qaTaree*
quality نوعية *naw'eeya*
question سؤال *su'aal*
quiet هادئ *haadi'*

R

racetrack مضمار السباق
miDmaar as-sibaaq
racket (sports) مضرب *miDrab*
railway station [BE] محطة القطار
maHaTat al-qiTaar
rain n مطر *maTar*
raincoat معطف للمطر *mi'Taf lil-maTar*
rainy ممطر *mumTir*
rap (music) موسيقى الراب
mooseeqa ar-rap
rape n اغتصاب *ightiSaab*
rash n طفح جلدي *TafH jildee*
razor موس الحلاقة *moos al-Hilaaqa*
razor blade شفرات الحلاقة
shafaraat al-Hilaaqa
reach (person) يجد *yajid*
ready جاهز *jaahiz*
real أصلي *aSlee*
receipt إيصال *eeSaal*
receive v يستقبل *yastaqbil*
reception استقبال *istiqbaal*
recharge v يشحن *yash-Han*
recommend ينصح *yanSaH*

recycling إعادة التصنيع
i'aadat at-taSnee'
red أحمر *aHmar*
refrigerator ثلاجة *thallaaja*
refund n استرداد النقود
istirdaad an-nuqood
region منطقة *manTaqa*
regular عادي *'aadee*
relationship (personal) علاقة *'ilaaqa*
rent v يستأجر *yasta'jir*
rental car سيارة مستأجرة
sayaara musta'jara
repair v يصلح *yuSalliH*
report v يبلغ عن *yuballigh 'an*
reservation حجز *Hajz*
reserve v يحجز *yaHjuz*
restaurant مطعم *maT'am*
restroom توواليت *toowaaleet*
retired متقاعد *mutaqaa'id*
return v يعود *ya'ood*; n [BE]
ذهاب وعودة *dhihaab wa-'awda*
rib ضلع *Dala*
right (correct) صحيح *SaHeeH;*
(direction) يمين *yameen*
right of way أحقية الطريق
aHqeeyat aT-Tareeq
ring n خاتم *khaatim*
river نهر *nahr*
road طريق *Tareeq*
road map خريطة طرق
khareeTa Turuq
romantic رومانسي *roomaansee*
room غرفة *ghurfa*
room key مفتاح الغرفة
miftaaH al-ghurfa
room service خدمة غرف *khidma ghuruf*
rotary دوار *dawaar*

round (in game) جولة jawla
roundabout [BE] دوار dawaar
round-trip ذهاب وعودة
dhihaab wa-'awda
round-trip ticket تذكرة ذهاب و عودة
tadhkara dhihaab wa-'awda
route طريق Tareeq
rubbish [BE] قمامة qamaama
rubbish bag [BE] أكياس قمامة
akyaas qamaama
ruins آثار aathaar

S

sad حزين Hazeen
safe n خزينة khazeena; (not dangerous)
آمن aamin; (not in danger) بأمان
bi-amaan
sales tax ضريبة Dareeba
salty مالح maaliH
same نفس nafs
sandals صندل Sandal
sanitary napkin فوط نسائية
fuwaT nisaa'eeya
sanitary pad [BE] فوط نسائية fuwaT
nisaa'eeya
Saudi سعودي sa'oodee
Saudi Arabia السعودية
as-sa'oodeeya
sauna ساونا saawnaa
save حفظ HafZ
savings account حساب المدخرات Hisaab
al-mudakharaat
scanner ماسحة maasiHa
scarf لفاح lifaaH
schedule n جدول مواعيد
jadwal mawaa'eed
school مدرسة madrassa
scissors مقص miqaSS

sea بحر baHr
seat مقعد maq'ad
security أمن aman
see يشوف yashoof
sell يبيع yabee'
self-service خدمة ذاتية
khidma dhaateeya
seminar ندوة nadwa
send يرسل yursil
senior citizen مسنين musneen
separate منفصل munfaSil
serious خطير khaTeer
service خدمة khidma; (in church)
صلاة Salaat
shampoo شامبو
shaamboo
shaving cream كريم للحلاقة
kreem lil-Hilaaqa
sheet شراشف sharaashif
shirt قميص qameeS
shoe store محل الأحذية
maHal al-aHdheeya
shoes أحذية aHdheeya
shopping تسوق tasawooq
shopping area منطقة التسوق manTaqat
at-tasawooq
shopping centre [BE]
سوق تجاري
markaz at-tijaaree
shopping mall سوق تجاري
markaz at-tijaaree
short قصير qaSeer
shorts شورت shoort
short-sighted [BE]
مصاب بقصر النظر
muSaab bi-qaSr an-naZar
shoulder كتف katif
show v يري yuree

shower دُش *doosh*

shrine مزار *mazaar*

sick مريض *mareeD*

sightseeing tour جولة لزيارة المعالم *jawla li-ziyaarat al-ma'aalim*

sign v يوقع *yuwaqi'a*

silk حرير *Hareer*

silver فضة *fiDDa*

single عازب *'aazib*

single bed سرير مفرد *sareer mufrad*

single room غرفة مفردة *ghurfa mufrada*

single ticket [BE] تذكرة ذهاب *tadhkara dhihaab*

sister أخت *ukht*

sit يجلس *yajlis*

size قياس *qeeyaas*

skin جلد *jild*

skirt تنورة *tanoora*

sleeping bag حقيبة للنوم *Haqeeba lin-nawm*

slice شريحة *shareeHa*

slippers شبشب *shibshib*

slow بطيء *baTee'*

slowly ببطء *bi-buT'*

small صغير *Sagheer*

smoking للمدخنين *lil-mudakhineen*

snack bar مطعم للوجبات الخفيفة *maT'am lil-wajabaat al-khafeefa*

sneakers أحذية رياضية *aHdheeya reeyaaDeeya*

snorkeling equipment شنركل *snorkel*

snowy يتساقط الثلج *yatasaaqaT ath-thalj*

soap صابون *Saaboon*

soccer كرة القدم *kurrat al-qadam*

socks جرابات *juraabaat*

sold out خلصت التذاكر *khalaSat at-tadhaakir*

sore throat ألم الحلق *alam al-Halq*

sorry (apology) آسف *aasif*

south جنوب *janoob*

souvenir هدايا تذكارية *hadaayaa tidhkaareeya*

souvenir store محل الهدايا التذكارية *maHal al-hadaayaa at-tidhkaareeya*

spa سبا *spa*

sparkling water مياه غازية *miyaah ghaazeeya*

spatula ملعقة مسطحة *mil'aqa musaTaHa*

speak يتكلم *yatakallam*

special خاص *khaaS*

specialist n أخصائي *akhSaa'ee*

spicy حار *Haar*

spine عمود فقري *'amood faqree*

spoon ملعقة *mil'aqa*

sporting goods store محل الأدوات الرياضية *maHal al-adawaat ar-reeyaaDeeya*

sprain n التواء في المفصل *iltiwaa' fee il-mifSal*

sprained ملتوي *multawee*

stadium ملعب *mal'ab*

stairs دَرَج *daraj*

stamp n طابع *Taabi'*

start v يبدأ *yabda'*

station محطة *maHaTat*

station wagon سيارة بوكس *sayaara books*

stay v ينزل *yanzil*

steal يسرق *yasriq*

steep شديد الانحدار *shadeed al-inHidaar*

sterling silver فضة *fiDDa*

stolen مسروق *masrooq*

stomach معدة *mi'da*

stomachache ألم في المعدة
alam fee il-mi'da

stool (bowel movement) براز *biraaz*

stop *v* يقف *yaqif; n* (on bus route)
موقف *mawqif*

store directory
دليل المحلات التجارية
daleel al-maHalaat at-tijaareeya

stove فرن *furn*

straight مستقيم *mustaqeem*

straight ahead على طول *'ala Tool*

strange غريب *ghareeb*

stream جدول *jadwal*

street شارع *shaari'*

stroller عربة أطفال *'arabat aTfaal*

student طالب *Taalib*

study *v* يدرس *yadrus*

stunning مذهل *mudh-hil*

subway مترو الأنفاق *metro al-anfaaq*

subway station
محطة مترو الأنفاق
maHaTat metro al-anfaaq

Sudan السودان *as-soodaan*

Sudanese سوداني *soodaanee*

suit (clothing) طقم *Taqm*

suitable مناسب *munaasib*

suitcase حقيبة *Haqeeba*

sun شمس *shams*

sunblock واقي شمسي *waaqee shamsee*

sunburn حروق شمسية
Hurooq shamseeya

sunglasses نظارات شمسية
naZaaraat shamseeya

sunny مشمس *mushmis*

sunscreen واقي شمسي
waaqee shamsee

sunstroke ضربة شمس *Darba shams*

super (fuel) ممتاز *mumtaaz*

supermarket
سوبر ماركت
soobir maarkit

surcharge أجرة إضافية
ujrat iDaafeeya

surfboard لوح لركوب الأمواج
looH li-rukoob al-amwaaj

surgical spirit [BE] كحول طبي
kuHool Tibbee

swallow *v* يبتلع *yabtala'*

sweater كنزة صوف *kanza Soof*

sweatshirt كنزة رياضة
kanza reeyaaDa

sweet حلو *Hiloo*

sweets [BE] سكاكر *sakaakir*

swim *v* يسبح *yasbaH*

swimsuit مايوه *maayooh*

Syria سوريا *sooriyaa*

Syrian سوري *sooree*

ت

table طاولة *Taawila*

tablet حبة *Habba*

take *v* يأخذ *ya'khudh*

take off (shoes) يخلع *yikhla'*

tampon سدادات قطنية للسيدات
sadadaat quTneeya lis-sayyidaat

taste *v* يتذوق *yatadhawwaq*

taxi تاكسي *taaksee*

tea شاي *shaay*

team فريق *fareeq*

teaspoon ملعقة صغيرة
mil'aqa Sagheera

telephone تلفون *tilifoon*

temple (religious) معبد *ma'bad*

temporary مؤقت *mu'aqat*

tennis التنس *at-tinnis*

tennis court ملاعب تنس
malaa'ib tinnis

tent خيمة khayma

tent peg أوتاد الخيمة
awtaad al-khayma

tent pole عمود الخيمة
'amood al-khayma

terminal (airport) تيرمينال teerminaal

terrible فظيع faZee'

text v اس ام اس يبعث yab'ath SMS; n اس ام
SMS اس ام

thank you شكراً shukran

that ذلك dhaalik

theater مسرح masraH

theft سرقة sirqa

there هناك hunaak

thief لص liSS

thigh فخذ fakhdh

thirsty عطشان 'aTshaan

this هذا haadha

throat حلق Halq

thunderstorm عاصفة رعدية
'aaSifa ra'deeya

ticket تذكرة tadhkara

ticket office مكتب التذاكر
maktab at-tadhaakir

tie n كرافيت kraafeet

tight (fit) ضيق Dayyiq

tights [BE] كولون kooloon

time وقت waqt

timetable [BE] جدول مواعيد
jadwal mawaa'eed

tire دولاب doolaab

tired تعبان ta'baan

tissue مناديل ورقية
manaadeel warqeeya

to إلى ila

today اليوم al-yawm

toe إصبع القدم iSba' al-qadam

toenail ظفر إصبع القدم
Zifr iSba' al-qadam

toilet [BE] تواليت toowaaleet

toilet paper ورق تواليت
waraq toowaaleet

toll road طريق برسم مرور
Tareeq bi-rasm muroor

tomorrow غداً ghadan

tonight الليلة al-layla

too (also) أيضاً ayDaan; (excessively)
أكثر من اللازم akthar min al-laazim

tooth سن sinn

toothache ألم في الأسنان
alam fee il-asnaan

toothbrush فرشاة أسنان
furshaat asnaan

toothpaste معجون أسنان
ma'joon asnaan

torch [BE] بيل beel

total (amount) مُجمل mujmal

tour جولة jawla

tourist سائح saa'îH

tourist information office مكتب
الاستعلامات السياحية maktab
al-isti'laamaat as-seeyaaHeeya

tow truck شاحنة قاطرة
shaaHina qaaTira

towel منشفة minshafa

tower برج burj

town مدينة madeena

town hall البلدية al-baladeeya

town map خريطة المدينة
khareeTat al-madeena

town square ساحة المدينة
saaHat al-madeena

toy لعبة أطفال lu'bat aTfaal

toy store محل ألعاب الأطفال
maHal al'aab al-aTfaal

track (for trains) خط khaT

traditional تقليدي taqleedee

traffic circle دوار dawaar

traffic light إشارة مرور ishaarat muroor

trail ممر mamar

trailer عربة مقطورة 'araba maqToora

train n قطار qiTaar

train station محطة قطار
maHaTat qiTaar

transfer v (traveling) يبدل yubaddil

translate يترجم yutarjim

trash قمامة qamaama

travel agency مكتب سياحة و سفر
maktab seeyaaHa wa safar

travelers check شيك سياحي
sheek seeyaaHee

traveller's cheque [BE] شيك سياحي
sheek seeyaaHee

travel sickness [BE] دوار السفر dawaar
as-safar

tree شجرة shajara

trim (haircut) تطريف شعر taTreef sha'r

trip رحلة riHla

trolley [BE] عربة 'araba

trousers [BE] بنطلون banTaloon

T-shirt تي شيرت tee sheert

tumble dry يعصر في الغسالة yu'aSar fee
il-ghasaala

Tunisia تونس toonis

Tunisian تونسي toonisee

turn off (light) يطفئ yaTfa'

turn on (light) يشعل yash'al

TV تلفزيون tilifizyoon

tyre [BE] دولاب doolaab

U

ugly بشع bashi'

umbrella مظلة maZalla

underground [BE] مترو الأنفاق metro
al-anfaaq

underground station [BE]
محطة مترو الأنفاق
maHaTat metro al-anfaaq

underpants [BE] سروال داخلي
sirwaal daakhilee

understand يفهم yafham

underwear ملابس داخلية
malaabis dakhileeya

United Kingdom بريطانيا breeTaaneeyaa

United States أمريكا amreekaa

unleaded بدون رصاص
bi-dooni raSaaS

unlimited mileage بأميال غير محدودة
bi-amyaal ghayr maHdooda

urgent مستعجل musta'jil

urine بول bool

use v يستخدم yastakhdim

username اسم المستخدم
ism al-mustakhdim

utensil أدوات الطبخ
adawaat aT-Tabkh

V

vacation إجازة ijaaza

vacuum cleaner مكنسة كهربائية
miknasa kahrabaa'eeya

vagina مهبل mahbil

vaginal infection التهاب مهبلي iltihaab
mahbalee

valley وادي waadee

value n قيمة qeema

van فان van

VAT [BE] ضريبة Dareeba

vegan لا يأكل المنتجات الحيوانية la ya'kul al-muntajaat al-Haywaaneeya

vegetarian نباتي nabaatee

vehicle registration تسجيل سيارة tasjeel sayaara

vending machine ماكينة بيع maakeena bay'

very جداً jiddan

viewpoint [BE] إطلالة iTlaala

visit v يزور yazoor

visiting hours مواعيد الزيارة mawaa'eed az-ziyaara

visually impaired ضعيف نظره naZarhu Da'eef

volleyball كرة الطائرة kurrat aT-Taa'ira

vomiting يتقيأ yataqayaa'

W

wait v ينتظر yantaZar

waiter غرسون gharsoon

waiting room غرفة انتظار ghurfat intiZaar

waitress آنسة aanisa

wake (person) يوقظ yawqiZ

wake-up call مكالمة إيقاظ mukaalamat eeqaaZ

walk n نزهة nuz-ha

walking route طرق السير Turuq as-sayr

wallet محفظة miHfaZa

warm دافئ daafi'; v يسخن yusakhin

wash v يغسل yughassal

washing machine غسالة الملابس ghasaalat al-malaabis

washing-up liquid [BE] سائل للجلي saa'il lil-jallee

watch n ساعة يد saa'a yad

water ماء maa'

waterfall شلال shalaal

water skis ألواح للتزحلق على الماء al-waaH lit-tazaHluq 'ala al-maa'

weather طقس Taqs

week أسبوع usboo'

weekend عطلة نهاية الأسبوع 'uTla nihaayat al-usboo'

weekly أسبوعي usboo'ee

well-rested مرتاح murtaaH

west غرب gharb

what ماذا maadha

wheelchair كرسي المقعدين kursee al-muq'adeen

wheelchair ramp منحدر خاص لكرسي المقعدين munHadir khaaS li-kursee al-muq'adeen

when متى mata

where أين ayn

where to إلى أين ila ayn

which أي ay

white أبيض abyaD

white gold ذهب أبيض dhahab abyaD

who مَن man

widowed أرمل armal

wife زوجة zawja

window نافذة naafidha

window seat مقعد على النافذة maq'ad 'ala an-naafidha

windsurfer لوح شراعي looH shiraa'ee

wine list قائمة النبيذ qaa'imat an-nabeedh

wireless internet إنترنت لاسلكي internet lasilkee

wireless internet service
خدمة إنترنت لاسلكي
khidmat internet lasilkee
with مع *ma'*
withdraw يسحب *yas-Hab*
without بدون *bi-doon*
woman امرأة *imraa'a*
wool صوف *Soof*
work *v* يعمل *ya'mal*
wrist معصم *mi'Sam*
write (down) يكتب *yuktub*

Y

year سنة *sana*
yellow أصفر *aSfar*
yellow gold ذهب أصفر *dhahab aSfar*

Yemen اليمن *al-yaman*
Yemeni يمني *yamanee*
yes نعم *na'am*
yesterday البارحة *al-baariHa*
yield (in traffic) أعط أحقية الطريق *a'aT aHaqeeyat aT-Tareeq*
yogurt لبن *laban*
young شاب *shaab*
you're welcome عفواً *'afwaan*
youth hostel بيت شباب *bayt shabaab*

Z

حديقة الحيوانات zoo
Hadeeqat al-Hayawaanaat

Arabic-English

A

a'aT aHaqeeyat aT-Tareeq
أعط أحقية الطريق *yield [give way BE]*
a'maal أعمال *business*
'aada shahreeya عادة شهرية
period (menstruation)
'aadee عادي *regular*
'aa'ila عائلة *family*
aakhar آخر *another*
aakhir آخر *last*
'aalee عالي *high*
aamin آمن *safe (not dangerous)*
aanisa آنسة *waitress*
aasif آسف *sorry*
'aaSifa ra'deeya عاصفة رعدية
thunderstorm
aathaar آثار *ruin*

aathaar jaanibeeya
آثار جانبية *side effect*
'aazib عازب *single*
ab أب *father*
abyaD أبيض *white*
'adaad al-mawqif عداد الموقف *parking meter*
'adasa عدسة *lens*
'adasa laaSiqa عدسة لاصقة
contact lens
adawaat aT-Tabkh أدوات الطبخ *utensil*
'adeem an-nuk-ha عديم النكهة *bland (food)*
adna 'umr أدنى عمر
minimum age
'aDla عضلة *muscle*
'aDu dhikree عضو ذكري *penis*

afDal أفضل *better*

'afwaan عفواً *that's ok*

aHaqeeyat aT-Tareeq
أحقية الطريق *right of way*

aHdheeya أحذية *shoes*

aHdheeya reeyaaDeeya أحذية رياضية
sneakers

ahlaan wa sahlaan أهلاً و سهلاً
you're welcome

aHmar أحمر *red*

aHsan أحسن *best*

AIDS أيدز *aydz*

akh أخ *brother*

akhDar أخضر *green*

akhSaa'ee أخصائي
specialist n

akthar أكثر *more*

akthar min al-laazim
أكثر من اللازم
excessively, too

akyaas qamaama أكياس قمامة *garbage
bag [bin bag BE]*

'ala Tool على طول *straight ahead*

al-aan الآن *now*

alam ألم *pain*

alam al-Halq ألم الحلق *sore throat*

alam fee il-asnaan
ألم في الأسنان *toothache*

alam fee il-mi'da ألم في المعدة *stomach
ache*

alam fee iS-Sadr ألم في الصدر *chest pain*

alam fee il-udhn
ألم في الأذن *earache*

alam fee iZ-Zuhr ألم في الظهر *backache*

al-amti'a al-mafqooda
الأمتعة المفقودة
lost and found [lost property BE]

'alaykum عليكم *hello*

al-baariHa البارحة *yesterday*

alghee الغي *cancel*

al-khaleej al-'arabee الخليج العربي *Gulf
(Persian)*

al-layla الليلة *tonight*

al-maas ألماس *diamond*

al-waaH lit-tazaHluq 'ala al-maa' ألواح
للتزحلق على الماء *water ski*

al-wuSool الوصول *arrivals (airport)*

al-yawm اليوم *today*

aman أمن *security*

'amood faqree عمود فقري *spine*

'amood lil-khayma عمود الخيمة *tent
pole*

amreekaa أمريكا *United States*

amreekaanee أمريكي *American*

amti'a أمتعة *luggage*

anf أنف *nose*

aqal أقل *less*

'araba عربة *cart [trolley BE]*

'araba maqToora عربة مقطورة *trailer*

'arabat al-amti'a عربات الأمتعة *luggage
cart [trolley BE]*

'arabat aTfaal عربة أطفال *stroller
[pushchair BE]*

'arabee عربي *Arab, Arabic;* **al-'arabeeya**
العربية *Arabic (language)*

araq أرق *insomnia*

'arboon عربون *deposit*

arD أرض *floor*

arD al-golf أرض الغولف *golf course*

'arD baalayh عرض باليه *ballet*

'arD oobiraa عرض أوبرا *opera*

armal أرمل *widowed*

aSam أصم *deaf*

asbireen أسبرين *aspirin*

'aSeer عصير *juice*
aSfar أصفر *yellow*
'ashaa' عشاء *dinner*
aSlee أصلي *real*
aswad أسود *black*
'aTshaan عطشان *thirsty*
awal أول *first*
awqaat al-'amal
أوقات العمل *office hours*
awqaat al-'amal
أوقات العمل *business hours*
awtaad al-khayma
أوتاد الخيمة *tent peg*
awtoomaateekee
أوتوماتيكي *automatic*
ay أي *which*
ay shay أي شيء *anything*
ayDaan أيضاً *too (also)*
ayn أين *where*
'ayn عين *eye*
'aZm عظم *bone*
azraq أزرق *blue*

B

baab باب *door*
ba'ad بعد *after*
ba'ad aZ-Zuhr
بعد الظهر *afternoon, p.m.*
baar بار *bar*
baarid بارد *cold adj*
baarid qaleelan بارد قليلاً
cool (temperature)
baaS باص *bus*
baaS saree' باص سريع *express bus*
ba'eed بعيد *far*
baHr بحر *sea*
baHraynee بحريني *Bahraini*;
al-baHrayn البحرين *Bahrain*

baladeeya البلدية *town hall*
balsam بلسم *conditioner*
banafsajee بنفسجي *purple*
bank بنك *bank*
banTaloon بنطلون *pants [trousers BE]*
banTaloon jeenz بنطلون جينز *jeans*
baraka بركة *pond*
bareed بريد *mail n [post BE], post office*
bareed iliktroonee بريد إلكتروني
e-mail
baysbool بيسبول *baseball*
bashi' بشع *ugly*
baTaareeya بطارية *battery*
baTaneeya بطانية *blanket*
baTee' بطيء *slow*
bawaaba بوابة *gate (at airport)*
bawabaat as-safar بوابات السفر
departure gate
bayj بيج *beige*
bayt بيت *house*
bayt mutanaqal بيت متنقل
mobile home
bayt shabaab بيت شباب
youth hostel
bideekoor بديكور *pedicure*
beejaama بيجامة
pajamas [pyjamas BE]
beel بيل *flashlight [torch BE]*
binzeen بنزين *gas [petrol BE]*
bi-amaan بأمان *safe, not in danger*
bi-buT' ببطء *slowly*
biDaa'i' lil-i'laan 'anhaa بضائع للإعلان
goods to declare عنها
biDaa'i' mu'afeeya min aD-Daraa'ib
بضائع معفية من الضرائب *duty-free goods*
bi-doon بدون *without*

bi-dooni raSaaS بدون رصاص *unleaded*

bi-ittijah markaz al-madeena باتجاه مركز المدينة *downtown*

bi-ghiyar 'aadee بغيار عادي *manual (car)*

bi-munfaridih بمفرده *alone*

penicillin (binisileen) بنسلين *penicillin*

bint بنت *girl*

biraaz براز *stool (bowel movement)*

biTaaqa بطاقة *card*

biTaaqa tilifooneeya بطاقة تلفونية *phone card*

biTaaqa 'uDweeya بطاقة عضوية *membership card*

biTaaqat i'timaan بطاقة ائتمان *credit card*

biTaaqat Su'ood بطاقة صعود *boarding pass*

biTaaqa Taalib doowaleeya بطاقة طالب دولية *International Student Card*

biTaaqa ta'meen بطاقة تأمين *insurance card*

blaateen بلاتين *platinum*

blooza بلوزة *blouse*

bool بول *urine*

breeTaanee بريطاني *British adj*

breeTaaneeyaa بريطانيا *United Kingdom*

broosh بروش *brooch*

buHayra بحيرة *lake*

bunnee بني *brown*

bunshur بنشر *flat (on vehicle)*

burj برج *tower*

burtuqaal برتقال *orange (fruit)*

burtuqaalee برتقالي *orange (color)*

D

daafi' دافئ *warm*

daakhil داخل *inside*

Dala ضلع *rib*

daleel دليل *guide*

daleel al-maHalaat at-tijaareeya دليل المحلات التجارية *store directory*

Damaadaat ضمادات *bandage*

damm دم *blood*

daqeeqa دقيقة *minute*

daraaja دراجة *bicycle*

daraaja bi-muHarik دراجة بمحرك *moped*

daraaja jabaleeya دراجة جبلية *mountain bike*

daraaja naareeya دراجة نارية *motorcycle*

daraj دَرَج *stair*

darajat oola درجة أولى *first class*

daraja seeyaaHeeya درجة سياحية *economy class*

darajaat درجات *degrees (temperature)*

darajat al-a'maal درجة الأعمال *business class*

Darbat shams ضربة شمس *sunstroke*

Dareeba ضريبة *sales tax [VAT BE]*

dars درس *lesson*

dawaa' دواء *medication, medicine*

dawaa' bidooni 'alaama tijaareeya دواء بدون علامة تجارية *generic drug*

dawaam juz'ee دوام جزئي *part-time*

dawaar دوار *traffic circle [roundabout BE]*

dawaar as-safar دوار السفر
motion [travel BE] sickness

daw' ضوء light n

Dayyiq ضيق tight (fit)

dee fee dee دي في دي DVD

deezil ديزل diesel

dhaalik ذلك that

dhahab ذهب gold

dhahab abyaD
ذهب أبيض white gold

dhahab aSfar
ذهب أصفر yellow gold

dhihaab ذهاب
one-way [single BE] (ticket)

dhihaab wa-'awda ذهاب وعودة
round-trip [return n BE] (ticket)

dhiraa ذراع arm

dijeetaal ديجيتال digital

doolaab دولاب tire [tyre BE]

doolaar دولار dollar

doosh دش shower

doowalee دولي international

duf'a musabbaqa
دفعة مسبقة cash advance

DaghuT damm munkhafiD
ضغط دم منخفض
low blood pressure

DaghuT damm murtafi'
ضغط دم مرتفع
high blood pressure

dukhool دخول login

dumya دمية doll

duzeena دزينة dozen

E

'eed meelaad عيد ميلاد birthday

eedaa' إيداع deposit (at bank)

eeqaaf إيقاف off

eeraan إيران Iran

eeraanee إيراني Iranian

eerlandaa أيرلندا Ireland

eerlandee أيرلندي Irish

eeSaal إيصال receipt

F

faarigh فارغ empty adj

faatiH فاتح light

faHam فحم charcoal

fakhdh فخذ thigh

fakk فك jaw

famm فم mouth

faqaT فقط only

faraama فرامة food processor

faraamil فرامل brake

fareeq فريق team

fataaHat an-nabeedh
فتاحة النبيذ corkscrew

fataaHat zujajaat
فتاحة زجاجات bottle opener

faaks فاكس fax

faZee' فظيع terrible

fee في in

fee il-khaarij في الخارج outside

feelm فيلم movie, film (camera)

fee iS-SubH في الصبح a.m.

fiDDa فضة silver

filisTeen فلسطين Palestine

filisTeenee فلسطيني
Palestinian

finjaan فنجان cup

finjaan lil-'ayaar
فنجان للعيار measuring cup

fireezir فريزر freezer

fitreenaa فترينا display case

flaash فلاش flashlight [torch BE]

funduq فندق hotel

furn فرن stove

furn mukhayyam فرن مخيم
  camping stove
furshaat ash-sha'r
  فرشاة الشعر *hairbrush*
furshaat asnaan
  فرشاة أسنان *toothbrush*
fustaan فستان *dress (woman's)*
fuToor فطور *breakfast*
fuwaT nisaa'eeya فوط نسائية *sanitary
  napkins [sanitary pads BE]*

G

garaaj جراج *garage*
ghaaba غابة *forest*
ghaalee غالي *expensive*
ghaamik غامق *dark*
ghaaz aT-Tabkh
  غاز الطبخ *cooking gas*
ghadan أً غدا *tomorrow*
ghadhaa' غذاء *lunch*
gharb غرب *west*
ghareeb غريب *strange*
gharsoon غرسون *waiter*
ghasaalat al-malaabis غسالة الملابس
  washing machine
ghasaalat aS-SuHoon غسالة الصحون
  dishwasher
ghasool غسول *lotion*
ghayr mashghool غير مشغول
  available
ghayr muklif غير مكلف *inexpensive*
gram (ghraam) غرام *gram*
ghurfa غرفة *room*
ghurfa fee iT-Taabiq al-arDee
  غرفة في الطابق الأرضي
  ground-floor room
ghurfa mufrada
  غرفة مفردة *single room*

ghurfa muzdawwaja
  غرفة مزدوجة *double room*
ghurfat intiZaar غرفة انتظار *waiting
  room*
ghurfa nawm
  غرفة نوم *dormitory*
ghurfa qeeyaas
  غرفة قياس *fitting room*
ghurfa Ta'aam
  غرفة طعام *dining room*
golf الغولف *golf*
gunay istirleenee
  جنيه استرليني
  pound (sterling)

H

haadi' هادئ *quiet*
Haadith حادث *accident*
Haadith iSTidaam
  حادث اصطدام *crash n (in car)*
Haamil حامل *pregnant*
Haar حار *hot (spicy)*
haatif 'aam هاتف عام *pay phone*
haatif naqaal
  هاتف نقال *cell [mobile BE] phone*
haay laayt هاي لايت
  highlights (in hair)
Habba حبة *tablet*
hadaayaa tidhkaareeya
  هدايا تذكارية *souvenir*
Hadeeqa 'aama حديقة عامة *park n*
Hadeeqat al-Hayawanaat
  حديقة الحيوانات *zoo*
Hadeeqat an-nabaataat
  حديقة النباتات
  botanical garden
hadeeya هدية *gift*
Hafeed حفيد *grandchild*

Hafla mooseeqeeya
حفلة موسيقية *concert*

HafZ حفظ *save*

Hajz حجز *reservation*

Halaal حلال *halal*

Halaaq rijaalee
حلاق رجالي *barber*

Halaq حلق *earrings*

Halq حلق *throat*

Hamaalat mafaateeH
حمالة مفاتيح *key ring*

Hamaalat Sadr حمالة صدر *bra*

Hamaam حمام *bathroom*

Haqeeba حقيبة *suitcase*

Haqeeba lin-nawm
حقيبة للنوم *sleeping bag*

Haqeeba yad
حقيبة يد
carry-on [hand luggage BE]

Haqeeba yad حقيبة يد
purse [handbag BE]

Haqeeba Zuhr
حقيبة ظهر *backpack*

Haql حقل *field*

Haraara murtafi'a
حرارة مرتفعة *fever*

Hareeq حريق *fire*

Hareer حرير *silk*

Harq حرق *burn n*

Hasanan حسناً *OK*

haSeera حصيرة *groundcloth [groundsheet BE]*

Hasharaat حشرات *bug*

Hashwa حشوة *filling (in tooth)*

haweeya shakhSeeya
هوية شخصية *ID*

Haywaan حيوان *animal*

haadha هذا *this*

Hazeen حزين *sad*

Hiloo حلو *sweet*

Hizaam حزام *belt*

HifaaDaat حفاضات *diaper [nappy BE]*

Hisaab حساب *account; bill; check (in restaurant)*

Hisaab al-jaaree حساب الجاري *checking account*

Hisaab al-mudakharaat
حساب المدخرات *savings account*

HiSn حصن *fort*

Huboob mana' al-Haml
حبوب منع الحمل *Pill (contraceptive)*

Hummi il-qash
حمى القش *hay fever*

huna هنا *here*

hunaak هناك *there*

Hurayraat حريرات *calorie*

Hurooq shamseeya حروق شمسية *sunburn*

Hurr حر *heat*

I

i'aadat at-taSnee'
إعادة التصنيع *recycling*

i'tidaa' اعتداء *attack*

i'timaan ائتمان *credit*

ibreeq إبريق *carafe*

iDaafee إضافي *extra*

ightiSaab اغتصاب *rape n*

iHtiqaan احتقان *congestion*

ijaaza إجازة *vacation [holiday BE]*

ijra'aat as-safar إجراءات السفر *check-in*

ijra'aat as-safar lit-tadhaakir al-iliktrooneeya
إجراءات السفر للتذاكر الالكترونية *e-ticket check-in*

ijtimaa' اجتماع *meeting*

ila إلى *to*

ila ayn إلى أين *where to*

'ilaaj aroomaatee علاج أروماتي *aromatherapy*

'ilaaj bil-ibar علاج بالإبر *acupuncture*

'ilaaj bil-awksijeen علاج بالأوكسجين *oxygen treatment*

'ilaaqa علاقة *relationship (personal)*

'ilka علكة *chewing gum*

iltihaab mafaaSil التهاب مفاصل *arthritis*

iltihaab mahbalee التهاب مهبلي *vaginal infection*

iltiwaa' fee il-mifSal التواء في المفصل *sprain n*

im'aa أمعاء *intestine*

imraa'a امرأة *woman*

inaa' fakhaaree إناء فخاري *pottery*

ingleezee إنكليزي *English;* **al-ingleezeeya** الانكليزية *English (language)*

insooleen انسولين *insulin*

internet إنترنت *internet*

internet lasilkee إنترنت لاسلكي *wireless internet*

iqtiHaam اقتحام *break-in*

'iraaqee عراقي *Iraqi;* **al-'iraaq** العراق *Iraq*

iSba' إصبع *finger*

iSba' al-qadam إصبع القدم *toe*

is-haal إسهال *diarrhea*

ishaarat al-muroor إشارة المرور *traffic light*

ism اسم *name*

ism al-mustakhdim اسم المستخدم *username*

israa'eel إسرائيل *Israel*

isti'laamaat استعلامات *information (telephone) [directory enquiries BE], information desk*

istilaam al-Haqaa'ib استلام الحقائب *baggage claim*

istiqbaal استقبال *reception*

istimaara استمارة *form (to fill in)*

istimaara muTaalaba استمارة مطالبة *claim form*

istirdaad an-nuqood استرداد النقود *refund n*

iTfaa' إطفاء *fire department*

itijaah اتجاه *direction*

iTlaala إطلالة *overlook (scenic place) [viewpoint BE]*

ittiSaal اتصال *connection*

ittiSaal haatifee اتصال هاتفي *phone call*

J

jaa'i' جائع *hungry*

jaahiz جاهز *ready*

jaakeet جاكيت *jacket*

jaami' جامع *mosque*

jabal جبل *mountain*

jadd جد *grandparent*

jadwal جدول *stream*

jadwal mawaa'eed جدول مواعيد *schedule [timetable BE]*

jameel جميل *beautiful, nice, cute*

jameel jiddan جميل جداً *magnificent*

janoob جنوب *south*

jareeda جريدة *newspaper*

jawaaz safar جواز سفر *passport*

jayyid جيد *fine, good*

jadhaab جذاب *attractive (person)*

jazaa'iree جزائري *Algerian;* **al-jazaa'ir** الجزائر *Algeria*

jazma جزمة *boot*

jazma mareeHa lil-mashi جزمة مريحة للمشي *hiking boot*

jeenz جينز *denim*

jet-ski جت سكي *jet ski*

jiddan جداً *very*

jil جل *gel*

jild جلد *leather, skin*

jeemnaaziyoom جيمنازيوم *gym*

jinseeya جنسية *nationality*

jisr جسر *bridge*

jisr munkhafiD جسر منخفض *low bridge*

jawla جولة *round (in game), tour*

jawla bil-baaS جولة بالباص *bus tour*

jawla li-ziyaarat al-ma'aalim جولة لزيارة المعالم *sightseeing tour*

jumruk جمرك *customs*

juraabaat جرابات *sock*

jurH جرح *cut n*

juz' جزء *part (for car)*

K

kaabeena كابينة *cabin*

kaaHil كاحل *ankle*

kaameeraa كاميرا *camera*

kaameeraa dijeetaal كاميرا دجيتال *digital camera*

kaash كاش *cash*

kabd كبد *liver (in body)*

kabeer كبير *big*

kabeer jiddan كبير جداً *extra large*

kahf كهف *cave*

kalb irshaad al-'umyaan كلب إرشاد العميان *guide dog*

kalimat al-muroor كلمة مرور *password*

kam al-Hisaab كم الحساب *how much*

kanadaa كندا *Canada*

kanadee كندي *Canadian*

kaneesa كنيسة *church*

kanza reeyaaDa كنزة رياضة *sweatshirt*

kanza Soof كنزة صوف *sweater*

kart al-a'maal كرت الأعمال *business card*

kart al-miftaH كرت المفتاح *key card*

kart boostaal كرت بوستال *postcard*

kart dhaakira كرت ذاكرة *memory card*

kartoona كرتونة *carton*

ka's كأس *glass (for drink)*

kataan كتان *linen*

katif كتف *shoulder*

kayf كيف *how*

kazeenoo كازينو *casino*

kees كيس *bag*

kees qamaama كيس قمامة *garbage bag [bin bag BE]*

khaal min ad-dasm خال من الدسم *fat free*

khaaS خاص *special*

khaaS lil-mu'aaqeen خاص للمعاقين *handicapped-accessible*

khaaTib خاطب *engaged*

khaatim خاتم *ring n*

khalaaT خلاط *blender*

khalaSat at-tadhaakir خلصت التذاكر *sold out*

khalf خلف *behind*

khareeTa خريطة *map*

khareeTat al-madeena خريطة المدينة
town map

khareeTa Turuq خريطة طرق
road map

khaT خط line

khaTaa' خطأ mistake

khaTeer خطير dangerous, serious

khaT خط track (for train) [platform BE]

khayma خيمة tent

khazaana خزانة locker

khazaf خزف enamel

khazeena خزينة safe n

khazaa'in al-amti'a
خزائن الأمتعة luggage locker

khidma kaamila خدمة كاملة
full-service

khidma dhateeya
خدمة ذاتية self-service

khidmaat tanZeef خدمات تنظيف
housekeeping service

khidma ghaseel malaabis
خدمة غسيل ملابس laundry service

khidma ghuruf
خدمة غرف room service

khidmat internet lasilkee
خدمة إنترنت لاسلكي
wireless internet service

khidma خدمة service

khilaal خلال during

khoodha خوذة helmet

khumool خمول drowsiness

khurooj خروج exit

khuTooT jaweeya خطوط جوية airline

khuTTa خطة plan

kibreet كبريت matches

kilo كيلو kilo

kilogram كيلوغرام kilogram

kilometer كيلومتر kilometer

kitaab كتاب book

kitaab 'an al-makaan
كتاب عن المكان guide book

kooloon كولون
pantyhose [tights BE]

kooloonyaa كولونيا cologne

koorn fliks كورن فلكس cereal

koowaafeer كوافير hairstylist

kraafeet كرافيت tie n

kreem lil-Hilaaqa كريم للحلاقة shaving
cream

kreem mu'qim كريم معقم
antiseptic cream

kreestaal كريستال crystal

kuHool Tibbee كحول طبي
rubbing alcohol [surgical spirit BE]

**kulfat al-mukaalamat 'ala
al-muttaSil** كلفة المكالمة على المتصل
call collect

kulya كلية kidney (in body)

kumbyootir كومبيوتر computer

kurrat al-qadam كرة القدم
soccer [football BE]

kurrat as-silla كرة السلة basketball

kurrat aT-Taa'ira كرة الطائرة
volleyball

kursee كرسي chair

kursee 'aalin كرسي عالي highchair

kursee al-muq'adeen
كرسي المقعدين wheelchair

kursee khaaS lil-aTfaal
كرسي خاص للأطفال child's seat

kursee lish-shaaTee'
كرسي للشاطئ deck chair

kuwaytee كويتي Kuwaiti;
al-kuwayt الكويت Kuwait

L

la لا *no*

la shay' لا شيء *nothing*

laaHiqan لاحقاً *later*

ladghat al-Hasharaat
لدغة الحشرات *insect bite*

ladheedh لذيذ *delicious*

laHaam لحام *butcher*

lahaaya لهاية
pacifier [dummy BE]

laHZa لحظة *moment*

lamba لمبة *lightbulb*

lawaazim Tabkh
لوازم طبخ *cooking facility*

laysa ليس *not*

leebee ليبي *Libyan*

leebeeyaa ليبيا *Libya*

li- لـ *for*

libaas munaasib
لباس مناسب *dress code*

lifaaH لفاح *scarf*

li-ghayr al-mudakhineen
لغير المدخنين *non-smoking*

lil-isti'maal marra waaHida للاستعمال
مرة واحدة *disposable*

lil-mudakhineen للمدخنين *smoking*

lisaan لسان *tongue*

liSS لص *thief*

liter ليتر *liter*

looH li-rukoob al-amwaaj
لوح لركوب الأمواج *surfboard*

looH shiraa'ee
لوح شراعي *windsurfer*

loo'loo' لؤلؤ *pearl*

lu'ba لعبة *game*

lu'ba لعبة *match (game)*

lu'bat aTfaal لعبة أطفال *toy*

lubnaan لبنان *Lebanon*

lubnaanee لبناني *Lebanese*

M

ma' مع *with*

ma' as-salaama مع السلامة
goodbye

maa' ماء *water*

maa' saakhin ماء ساخن *hot water*

maadha ماذا *what*

ma'joon asnaan
معجون أسنان *toothpaste*

ma'bad معبد *temple (religious)*

maada Taarida lil-Hasharaat مادة
طاردة للحشرات *insect repellent*

maakeena bay'
ماكينة بيع
vending machine

maakeena thalj
ماكينة ثلج
ice machine

ma'akhadh kahrabaa'
مأخذ كهرباء
electric outlet

maal مال *money*

maaliH مالح *salty*

ma'loomaat
معلومات *information*

maasiHa ماسحة *scanner*

maayoh مايوه *swimsuit*

mabna مبنى *building*

maDaarib golf
مضارب غولف *golf club*

madeena مدينة *town*

madeena qadeema
مدينة قديمة *old town*

madeenat al-malaahee
مدينة الملاهي
amusement park

madkhal مدخل *access, entrance*

madrassa مدرسة *school*

mafqood مفقود *missing*

maftooH مفتوح *open adj*

maghribee مغربي *Moroccan;*
al-maghrib المغرب *Morocco*

maghsala مغسلة
laundry facility

maHaarim liT-Tifl
محارم للطفل *baby wipe*

maHabba محبة *love n*

maHal al'aab al-aTfaal
محل ألعاب الأطفال *toy store*

maHal al-adawaat ar-reeyaaDeeya
محل الأدوات الرياضية
sporting goods store

maHal al-aHdheeya
محل الأحذية *shoe store*

maHal al-anteekaat
محل الأنتيكات *antiques store*

maHal al-aT'imat as-siHHeeya
محل الأطعمة الصحية
health food store

maHal al-hadaayaa at-tidhkaareeya
محل الهدايا التذكارية
gift shop, souvenir store

maHal al-kaameeraat
محل الكاميرات *camera store*

maHal al-khuDaar محل الخضار
grocery store

maHal al-malaabis محل الملابس
clothing store

maHal al-mashroobaat al-kuHooleeya
محل المشروبات الكحولية
liquor store [off-licence BE]

maHal al-mooseeqa
محل سيديات *music store*

maHal al-mujawharaat
محل المجوهرات *jeweler*

maHal az-zuhoor
محل الزهور
florist

maHal al-Halaweeyaat
محل الحلويات *pastry shop*

maHal naZaaraat محل نظارات
optician

maHal tanZeef albisa
محل تنظيف ألبسة
dry cleaner

maHal tanZeef albisa bi-khidma dhaateeya
محل تنظيف ألبسة بخدمة ذاتية
laundromat [launderette BE]

maHal tijaaree محل تجاري *department*
store

maHalee
محلي *domestic*

maHalee محلي *local*

maHaTat محطة *station (railroad)*

maHaTat al-baaS
محطة الباص *bus station*

maHaTat al-binzeen محطة البنزين *gas*
[petrol BE] station

maHaTat al-qiTaar محطة القطار *train*
station

maHaTat metro al-anfaaq
محطة مترو الأنفاق *subway [underground BE]*
station

mahbil مهبل *vagina*

maHlool lil-'adasaat al-laaSiqa محلول
للعدسات اللاصقة
contact lens solution

maHmeeya Tabee'eeya محمية طبيعية
nature preserve

majaanee مجاني *free*

majalla مجلة *magazine*

majmooa' مجموعة *group*

makaan muHaaT bish-shubaak li-la'ab
مكان محاط بالشباك للعب
playpen

makaan mujahhaz li-istiqbaal al-mu'aaqeen
مكان مجهز لاستقبال المعاقين
handicapped- [disabled- BE] accessible

makhbaz مخبز *bakery*

makhraj مخرج *exit*

makhraj al-Hareeq مخرج الحريق *fire door*

makhraj aT-Tawaari'
مخرج الطوارئ *emergency exit*

maksoor مكسور *broken*

maktab مكتب *office*

maktab al-isti'laamaat as-seeyaaHeeya مكتب الاستعلامات السياحية
tourist information office

maktab at-tadhaakir
مكتب التذاكر *ticket office*

maktab seeyaaHa wa safar
مكتب سياحة و سفر
travel agency

maktab tabdeel al-'umlaat
مكتب تبديل العملات
currency exchange office

maktaba مكتبة *bookstore, library*

malaabis ملابس *clothes*

malaabis dakhileeya
ملابس داخلية
underwear

malaabis lil-ghaseel ملابس للغسيل
laundry (clothes)

malaa'ib at-tinnis ملاعب تنس
tennis court

mal'ab ملعب *playground, stadium*

mamar ممر *path, trail*

(bayD) mamzooj بيض ممزوج *scrambled*

man من *who*

manaadeel warqeeya
مناديل ورقية
tissue, paper towel

manadeel siHHeeya
مناديل صحية
sanitary [pad BE] napkin

mandeel lil-maa'ida منديل للمائدة
napkin

maneekoor منيكور *manicure*

manTaqa منطقة *region*

manTaqat an-nuz-haat
منطقة النزهات *picnic area*

manTaqat at-tasawooq
منطقة التسوق *shopping area*

maq'ad مقعد *seat*

maq'ad 'ala al-mamsha مقعد على الممشى *aisle seat*

maq'ad 'ala an-naafidha مقعد على النافذة *window seat*

maq'ad sayaara
مقعد سيارة *car seat*

maqha مقهى *cafe, coffee shop*

maqha internet مقهى إنترنت *internet cafe*

marra مرة *once*

mareeD مريض *sick [ill BE]*

mareeD bir-raboo
مريض بالربو *asthmatic*

mareeD bis-sukaree مريض بالسكري
diabetic

marHaban مرحبا *hi*

marham مرهم *cream (ointment)*

markaz al-a'maal
مركز الأعمال *business center*

markaz al-madeena مركز المدينة
downtown area

markaz ash-shurTa مركز الشرطة *police station*

markaz at-tijaaree مركز تجاري *shopping mall [centre BE]*

marTabaan مرطبان *jar*

marwaHa مروحة *fan (appliance)*

masaa' مساء *evening, night*

masaa' al-khayr مساء الخير *good afternoon, good evening*

masaaj مساج *massage*

masbaH مسبح *pool*

masbaH lil-aTfaal مسبح للأطفال *kiddie [paddling BE] pool*

masbaH masqoof مسبح مسقوف *indoor pool*

mashghool مشغول *busy*

mashroob مشروب *drink n*

(qaa'imat al-) mashroobaat قائمة المشروبات *drinks menu*

masmooH مسموح *allowed*

masraH مسرح *theater*

masraHeeya مسرحية *play n (in theater)*

masrooq مسروق *stolen*

mata متى *when*

maTaar مطار *airport*

maT'am مطعم *restaurant*

maTar مطر *rain n*

maTbakh مطبخ *kitchen*

mathaana مثانة *bladder*

mat-Haf متحف *museum*

mawaad tanZeef مواد تنظيف *cleaning supplies*

mawaa'eed az-ziyaara مواعيد الزيارة *visiting hours*

maw'id موعد *appointment*

mawqif موقف *parking, stop (on bus route)*

mawqif al-baaS موقف الباص *bus stop*

mawqif as-sayaaraat موقف السيارات *parking lot [car park BE]*

mazaar مزار *shrine*

maZalla مظلة *umbrella*

mazra'a مزرعة *farm*

meekaaneekee ميكانيكي *mechanic*

meekroowayif مايكرويف *microwave*

metro al-anfaaq مترو الأنفاق *subway [underground BE]*

mi'da معدة *stomach*

mi'Sam معصم *wrist*

mi'Taf معطف *coat*

mi'Taf lil-maTar معطف للمطر *raincoat*

mibrad lil-aZaafir مبرد للأظافر *nail file*

miDmaar as-sibaaq مضمار السباق *racetrack*

miDrab مضرب *racket (sports)*

mifSal مفصل *joint (of body)*

miftaaH مفتاح *key*

miftaaH al-ghurfa مفتاح الغرفة *room key*

miHfaZa محفظة *wallet*

mikhadda مخدة *pillow*

miknasa مكنسة *broom*

miknasa kahrabaa'eeya مكنسة كهربائية *vacuum cleaner*

mikwa مكواة *iron (for clothes)*

mil'aqa ملعقة *spoon*

mil'aqa lil-'ayaar ملعقة للعيار *measuring spoon*

mimsaHa ممسحة *mop*

min من *from*

min faDlak من فضلك *please*

minfaakh منفاخ *air pump*

meenee baar ميني بار *mini-bar*

minshafa منشفة *towel*

miqaSS مقص *scissors*

miqlaah مقلاة *frying pan*

mirfaq مرفق *elbow*

miS'ad مصعد *elevator [lift BE]*

miSfaah مصفاة *colander*

mishT مشط *comb*

miTraqa مطرقة *hammer*

miyaah ghaazeeya
مياه غازية *sparkling water*

miyaah ma'daneeya
مياه معدنية *still water*

mookaasaan موكاسان *loafer*

moos موس *mousse (hair)*

moos al-Hilaaqa
موس الحلاقة
razor

mooseeqa موسيقا *music*

mooseeqa al-jaaz
موسيقى الجاز *jazz*

mooseeqa al-pop
موسيقى البوب *pop music*

mooseeqa ar-rap موسيقى الراب *rap
music*

mooseeqa ash-sha'abeeya
موسيقى شعبية *folk music*

mooseeqa Haya موسيقى حية
live music

mooseeqa klaaseekeeya موسيقى
كلاسيكية *classical music*

mu'aaq معاق *handicapped [disabled BE]*

mu'adeeya معدية *ferry*

mu'aqat مؤقت *temporary*

mu'tamar مؤتمر *conference*

mubakkir مبكر *early*

mubtadi' مبتدئ *beginner*

muDaadaat al-Hayawaya مضادات
حيوية
antibiotics

mudakhan مدخن *smoked*

mudda مدة *period (of time)*

mudeer مدير *manager*

mudh-hil مذهل *stunning*

mud-hish مدهش *amazing*

mu'din معد *contagious*

mughaadara مغادرة *departure*

mughaadarat al-funduq مغادرة الفندق
check-out (from hotel)

mughlaq مغلق *closed*

muHaamee محامي *lawyer*

muHaasaba محاسبة *invoice n*

muHaasib محاسب *cashier*

muHawwil محوّل *adapter*

muhd aTfaal مهد أطفال *crib [cot BE]*

muHlee Sinaa'ee محلي صناعي *artificial
sweetener*

mu'idaat معدات *equipment*

mu'iddaat lil-ghawS معدات الغوص
diving equipment

mujaffif sha'r مجفف شعر
hair dryer

mujmal مجمل *total*

mujawharaat مجوهرات *jewelry*

mukaalamat eeqaaZ مكالمة إيقاظ
wake-up call

mukayyif al-hawaa' مكيف الهواء
air conditioner

mukhaalafa مخالفة
fine (for breaking law)

mukhayyam مخيم *campsite*

mulaakama ملاكمة *boxing*

multahib ملتهب *infected*

multaqee aT-Turuq ملتقى الطرق
  intersection

multawee ملتوي sprained

mumarriD ممرض nurse

mumill ممل boring

mumtaaz ممتاز super (fuel)

mumTir ممطر rainy

munaasib مناسب suitable

munaasib lil-meekroowayif
مناسب للمايكروويف
microwaveable

munaZZif منظف detergent

munfaSil منفصل separate

munHadir منحدر cliff

munHadir khaaS li-kursee
al-muq'adeen
منحدر خاص لكرسي المقعدين wheelchair
ramp

munkhafiD منخفض low

munhak منهك exhausted

munqidh منقذ lifeguard

muntaSif al-layl منتصف الليل midnight

muntaSif an-nahaar منتصف النهار
noon

muqaabil مقابل opposite

muraaqaba jawaazaat as-safar مراقبة
جوازات السفر
passport control

murabeeyat aTfaal مربية أطفال
babysitter

murtaaH مرتاح well-rested

musaa'ada مساعدة help n

muSaab bidaa' aS-Sura' مصاب بداء الصرع
epileptic

muSaab bi-imsaak مصاب بإمساك
constipated

muSaab bi-fuqr ad-damm

muSaab bi-faqr ad-damm مصاب بفقر الدم anemic

muSaab bi-madd an-naZar
مصاب بمد النظر
far- [long- BE] sighted

muSaab bi-qasr an-naZar
مصاب بقصر النظر
near- [short- BE] sighted

musaafir مسافر passenger

musabaq ad-dafa' مسبق الدفع prepaid

mushkila مشكلة problem

mushmis مشمس sunny

musinn مسن senior citizen

muslim مسلم Muslim

muSr مصر Egypt

muSree مصري Egyptian

musta'jil مستعجل urgent

mustaqeem مستقيم straight

mustashaar مستشار consultant

mustashfa مستشفى hospital

muta'akhir متأخر late (time)

muTallaq مطلق divorced

mutamarras متمرس experienced

mutaqaa'id متقاعد retired

mutarjim مترجم interpreter

mutawassiT متوسط
medium (size)

mutazawwij متزوج married

muthabbit ash-sha'r
مثبت الشعر
hairspray

mutheer lil-ihtimaam
مثير للاهتمام
interesting

muzeel ar-raa'iHa
مزيل الرائحة
deodorant

N

naadee نادي club
naadee laylee نادي ليلي nightclub

naadee lir-raqS
نادي للرقص dance club
naadee li-mooseeqa al-jaaz
نادي لموسيقى الجاز jazz club
naafidha نافذة window
naafoora نافورة fountain
na'am نعم yes
nabaatee نباتي vegetarian
nadwa ندوة seminar
nafs نفس same
nahr نهر river
naw'eeya نوعية quality
naZaaraat نظارات (eye)glasses
naZaaraat shamseeya
نظارات شمسية sunglasses
naZarhu Da'eef
نظره ضعيف
visually impaired
naZeef نظيف clean adj
nuHaas نحاس copper
nuSf نصف half
nuSf-kilo نصف كيلو half-kilo
nuskha نسخة photocopy
nuz-ha نزهة walk n
nuzul نزل hostel

O

oorkistraa أوركسترا orchestra

Q

qaa'at ijtimaa'aat
قاعة اجتماعات meeting room
qaa'at al-al'aab قاعة الألعاب arcade
qaa'at al-Haflaat al-mooseeqeeya
قاعة الحفلات الموسيقية
concert hall
qaa'at al-mu'tamaraat قاعة المؤتمرات
convention hall
qaa'imat an-nabeedh

قائمة النبيذ wine list
qaa'imat aT-Ta'aam
قائمة الطعام menu
qaa'imat Ta'aam lil-aTfaal
قائمة طعام للأطفال children's menu
qaa'imat Ta'aam ma' al-as'aar قائمة
طعام مع الأسعار fixed-price menu
qaarib قارب boat
qaarib an-najaah
قارب النجاة
life boat
qabl قبل before
qadam قدم foot
qadeem قديم old
qahwa قهوة coffee
qal'a قلعة castle
qalb قلب heart
qamaama قمامة trash [rubbish BE]
qameeS قميص shirt
qareeb قريب close, near
qaSdeer قصدير pewter
qaSeer قصير short
qaSr قصر palace
qaSSa sha'r قصة شعر haircut
qaTar قطر Qatar
qaTaree قطري Qatari
qaTra قطرة drop (of liquid)
qeema قيمة value n
qeeyaas قياس size
qifl قفل lock n
qimma قمة peak n
qiT'a قطعة piece
qiT'a naqdeeya قطعة نقدية coin
qiTaar قطار train n
qiTaar saree' قطار سريع
express train
qub'a قبعة hat
qudaas قداس mass (in church)

qunSuleeya قنصلية *consulate*

quSoor fee il-qalb قصور في القلب *heart condition*

quTn قطن *cotton*

R

radee' رديء *bad*

raDee' رضيع *baby*

rajul رجل *man*

rakheeS رخيص *cheap*

ramaadee رمادي *gray*

ramz al-balad رمز البلد *country code*

ramz al-manTaqa رمز المنطقة *area code*

raqaa'iq aluminyoom رقائق المنيوم *aluminum [kitchen BE] foil*

raqm رقم *number*

raqm al-faaks رقم الفاكس *fax number*

raqm far'ee رقم فرعي *extension*

raqm as-sirree رقم السري *PIN*

raqm tilifoon رقم تلفون *phone number*

raqS رقص *dancing*

ra's رأس *head*

raSeef رصيف *platform*

rashH رشح *cold n (illness)*

rasm رسم *fee*

rasm ad-dukhool رسم الدخول *admission (to museum etc)*

rasm al-khidma رسم الخدمة *cover charge*

rasm aS-Sarf رسم الصرف *exchange fee*

ratl رطل *pound (weight)*

ri'a رئة *lung*

riDaa'a رضاعة *baby bottle*

ridfayn ردفين *buttock*

riHla رحلة *excursion, trip*

riHla bil-qaarib رحلة بالقارب *boat trip*

riHla jaweeya رحلة جوية *flight*

risaala رسالة *letter*

risaala رسالة *message*

rool رول *roll*

roomaansee رومانسي *romantic*

rukba ركبة *knee*

rukhSa qeeyaada رخصة قيادة *driver's license*

rukoob ad-daraaja ركوب الدراجة *cycling*

ruqba رقبة *neck*

rusoom jumrukeeya رسوم جمركية *duty (customs)*

S

saa'a Haa'iTeeya ساعة حائطية *clock*

saa'a ساعة *hour*

saa'a yad ساعة يد *watch n*

Saaboon صابون *soap*

saaHat al-madeena ساحة المدينة *town square*

SaaHib صاحب *boyfriend*

SaaHiba صاحبة *girlfriend*

saa'iH سائح *tourist*

saa'il li-ghaseel aS-SuHoon سائل لغسيل الصحون *dishwashing [washing-up BE] liquid*

saakhin ساخن *hot*

Saala seenimaa صالة سينما *movie theater*

Saaloon koowaafeer صالون كوافير *hair salon*

saawnaa ساونا *sauna*

saaq ساق *leg*

SabaaH صباح *morning*

SabaaH al-khayr
صباح الخير *good morning*

Sabee صبي *boy*

Sabgha صبغة *color*

sadaadaat quTneeya lis-sayyidaat
سدادات قطنية للسيدات *tampon*

Sadeeq صديق *friend*

Sadr صدر *chest*

sa'eed سعيد *happy*

Saff صف *class (in school)*

Sagheer صغير *little, small*

saHab min al-Hisaab سحب من الحساب
debit

SaHeeH صحيح *right, correct*

sahil سهل *easy*

SaHn صحن *dish, plate*

SaHraa' صحراء *desert*

sakaakir سكاكر *candy*
[sweets BE]

saakhun akthar min al-laazim
ساخن أكثر من اللازم
overheated

salaalim kahrabaa'eeya
سلالم كهربائية *escalator*

Salaat صلاة *service (in church)*

salb سلب *mugging*

Saloon tajmeel صالون تجميل
nail salon

samaa'aat سماعات
headphone

sami' Da'eef سمع ضعيف
hearing impaired

sam سم *poison*

sana سنة *year*

Sandal صندل *sandals*

centimeter (santimitir)
سنتمتر *centimeter*

sa'oodee سعودي *Saudi;*
as-sa'oodeeya السعودية
Saudi Arabia

Saraaf aalee صراف آلي *ATM*

saree' سريع *fast*

sareer سرير *bed*

sareer aTfaal
سرير أطفال *crib [cot BE]*

sareer mufrad
سرير مفرد *single bed*

sareer muzdawwaj سرير مزدوج
double bed

sareer qaabil liT-Tawwi
سرير قابل للطوي
cot [campbed BE]

sawt a'la صوت أعلى *louder*

sayaara سيارة *car*

sayaara fakhma
سيارة فخمة *luxury car*

sayaara musta'jara
سيارة مستأجرة *rental [hire BE] car*

sayaarat al-is'aaf
سيارة الإسعاف *ambulance*

Saydleeya صيدلية *pharmacy [chemist BE]*

see dee سي دي *CD*

seegaar سيجار *cigar*

silseeyoos سلسيوس *Celsius*

shaab شاب *young*

shaaHina qaaTira
شاحنة قاطرة *tow truck*

sha'r شعر *hair*

shaari' شارع *street*

shaaTee' شاطىء *beach*

shadeed al-inHidaar
شديد الانحدار *steep*

shafaraat al-Hilaaqa
شفرات الحلاقة *razor blade*

shahaada شهادة certificate

shahr شهر month

shajara شجرة tree

shakwa شكوى complaint

shalaal شلال waterfall

shama' khaT al-beekeenee
شمع خط البيكيني bikini wax

shaamboo شامبو shampoo

shams شمس sun

sharaashif شراشف sheet

shareeHa شريحة slice

sharq شرق east

shawka شوكة fork

sheek شيك check (payment) [cheque BE]

sheek seeyaaHee شيك سياحي travelers
check [traveller's cheque BE]

shibshib شبشب slipper

shiffa شفة lip

shimaal شمال north

shiqqa شقة apartment

shirka ta'meen شركة تأمين insurance
company

shoort شورت shorts

shukran شكراً thank you

shurTa الشرطة police

siHHa صحة health

sijaa'ir سجائر cigarette

sikeen سكين knife

silla سلة basket

sinn سن tooth

si'r سعر price, charge (cost)

si'r aS-Sarf سعر الصرف exchange rate

si'r muHaddad سعر محدد fixed-price

sirqa سرقة theft

sirwaal daakhilee سروال داخلي
briefs [underpants BE]

sitrat an-najaah سترة النجاة
life jacket

siwaar سوار bracelet

SMS اس ام اس text message

snorkel (shnurkil) شنركل
snorkeling equipment

Sooda صودا soda

soodaanee سوداني Sudanese;
as-soodaan السودان Sudan

Soof صوف wool

soobir maarkit سوبر ماركت supermarket

sooq سوق market

Soora صورة photograph

sooree سوري Syrian

sooriyaa سوريا Syria

spa (sbaa) سبا spa

su'aal سعال cough n

su'aal سؤال question

Sudaa' صداع headache

Sundooq صندوق package

Sundooq al-bareed صندوق البريد
mailbox [postbox BE]

Su'ub صعب difficult

Suwwar dijeetaal صور دجيتال digital
photo

T

Ta'aam طعام food

Ta'aam lir-raDa طعام للرضع
baby food, formula

Ta'aam mujammad طعام مجمد
frozen food

ta'Tul تعطل breakdown

ta'baan تعبان tired

Taabi' طابع stamp n

Taabiq al-arDee طابق أرضي
ground floor

taa'ih تائه lost

Taa'ira طائرة airplane

ta'jeer as-sayaaraat
تأجير السيارات car rental [hire BE]

taalee تالي next

Taalib طالب student

taalif تالف damaged

ta'meen تأمين insurance

ta'reekh تاريخ date (on calendar)

ta'Tal تعطل broke down

Taawila طاولة table

Tabaq al-yawm طبق اليوم
menu of the day

aTbaaq iDaafee أطباق إضافية
side dish

tabdeel al-'umlaat تبديل العملات
currency exchange

tabdeel Taa'ira تبديل طائرة connection
(in travel)

Tabeeb طبيب doctor

Tabeeb asnaan طبيب أسنان dentist

Tabeeb aTfaal طبيب أطفال pediatrician

Tabeeb nisaa'ee طبيب نسائي
gynecologist

tadfi'a تدفئة
heater [heating BE]

tadhkara تذكرة ticket

tadhkarat iliktrooneeya تذكرة الكترونية
e-ticket

tadhkara lil-baaS تذكرة للباص bus ticket

tadhkara dhihaab wa 'awda
تذكرة ذهاب و عودة
round-trip [return BE] ticket

TafH jildee طفح جلدي rash n

taHmeeD تحميض develop (film)

taHweela تحويلة detour

takhdeer تخدير anesthesia

takhfeeD تخفيض discount

takhreem تخريم lace

taaksee تاكسي taxi

Talb tawSeel طلب توصيل hitchhike

tanoora تنورة skirt

tanZeef al-wajah
تنظيف الوجه facial n

taqleedee تقليدي traditional

Taqm طقم suit (clothing)

taqreer ash-shurTa
تقرير الشرطة police report

Taqs طقس weather

Tareeq طريق road, route

Tareeq aakhar طريق آخر
alternate route

Tareeq lil-khuyool
طريق للخيول horsetrack

Tareeq bi-rasm muroor
طريق برسم مرور toll road

Tareeq saree' طريق سريع
highway [motorway BE]

tasawooq تسوق shopping

tashanuj تشنج cramp

tashgheel تشغيل on

tasjeel sayaara تسجيل سيارة vehicle
registration

tasleeya تسلية entertainment

taSreeH jumrukee
تصريح جمركي
customs declaration form

taSweer bil-flaash تصوير بالفلاش flash
photography

taTreef sha'r تطريف شعر
trim (haircut)

Tawaal al-layl
طوال الليل overnight

Tawaari' طوارئ emergency

tawqu'aat aT-Taqs
توقعات الطقس forecast

Taweel طويل long

Tayr طير *bird*
tee sheert تي شيرت *T-shirt*
tilifizyoon تلفزيون *TV*
tinnis تنس *tennis*
teerminaal
تيرمينال *terminal (airport)*
thaddee ثدي *breast*
thalj ثلج *ice*
thallaaja ثلاجة *refrigerator*
Tifl طفل *child*
tilifoon تلفون *phone n*
till تل *hill*
toonis تونس *Tunisia*
toonisee تونسي *Tunisian*
toowaaleet
تواليت *restroom [toilet BE]*
toowaaleet khaaS lil-mu'aaqeen
تواليت خاص للمعاقين
disabled restroom [toilet BE]
toowaaleet kimiyaa'ee
تواليت كيميائي *chemical toilet*
tughaadir
تغادر *leave (airplane)*
turaDDi' ترضَّع *breastfeed*
Turuq as-sayr
طرق السير *walking route*

U

'uboor mushaa عبور مشاة
pedestrian crosswalk [crossing BE]
udhn أذن *ear*
ujrat iDaafeeya
أجرة إضافية *surcharge*
ukht أخت *sister*
'ulba علبة *box*
'umaan عمان *Oman*
'umaanee عماني *Omani*
'umla عملة *currency*

umm أم *mother*
'umr عمر *age*
'unwaan عنوان *address*
'unwaan iliktroonee
عنوان الكتروني *e-mail address*
'uqd عقد *necklace*
urdunee أردني *Jordanian;*
al-urdun الأردن *Jordan*
usboo' أسبوع *week*
usboo'ee أسبوعي *weekly*
ustraalee أسترالي *Australian*
ustraaleeyaa أستراليا *Australia*
'uTla nihaayat al-usboo'
عطلة نهاية الأسبوع *weekend*
'uTr عطر *perfume*
'uTr ba'ad al-Halaaqa
عطر بعد الحلاقة *aftershave*

V

van (faan) فان *van*

W

waadee وادي *valley*
waaDiH واضح *clear adj*
waaHid واحد *one*
waaqee dhikree
واقي ذكري *condom*
waaqee shamsee
واقي شمسي *sunblock*
waasi' واسع *loose (fit)*
waHdee وحدي *on my own*
wajabaat aSghar lil-aTfaal
وجبات أصغر للأطفال
children's portion
wajah وجه *face*
wajba وجبة *meal*
wakaala وكالة *agency*
walaa'a ولاعة *lighter (cigarettes)*
waqt وقت *time*

waraq ورق *paper*

waraq toowaaleet
ورق تواليت *toilet paper*

waSfa Tibeeya
وصفة طبية *prescription*

wazn amti'a zaa'id
وزن أمتعة زائد *excess luggage*

wi'aa' liT-Tabkh وعاء للطبخ *pot*

wisikh وسخ *dirty*

Y

ya'khudh يأخذ *take v*

ya'kul يأكل *eat*

ya'mal يعمل *work v*

ya'nee يعني *mean v*

yaaqa mudawwara
ياقة مدورة *crew neck*

ya'tee يأتي *come*

yab'ath SMS يبعث اس ام اس *text v*

yabda' يبدأ *begin, start v*

yabee' يبيع *sell*

yaboos يبوس *kiss v*

yabtala' يبتلع *swallow v*

yad يد *hand*

yadfa' يدفع *pay v*

yadfa' يدفع *push v*

yadh-hab يذهب *go*

yadkhil يدخل *insert v*

yadkhul يدخل *enter*

yadkhul 'ala al-internet
يدخل على الإنترنت *log on*

yadkhul fee is-sayr
يدخل في السير *merge*

yadrus يدرس *study v*

ya'eesh يعيش *live v*

yafham يفهم *understand*

yafHaS يفحص *check v*

yafqud يفقد *lose (something)*

yaftaH يفتح *open v*

yaghliq يغلق *close v*

yaghTus يغطس *dive v*

yaHjuz يحجز *reserve v*

yaHSal يحصل *happen*

yajid يجد *reach (person)*

yajlib يجلب *bring*

yajlis يجلس *sit*

yakhla' يخلع *extract v (tooth)*

yakhruj يخرج *exit v*

yakhruj min al-internet
يخرج من الإنترنت *log off*

yakoon يكون *be*

yal'ab يلعب *play v*

yaltaqee يلتقي *meet v*

yamanee; يمني *Yemeni;*
al-yaman اليمن *Yemen*

yameen يمين *right (direction)*

yamHi يمحي *delete v*

yanSaH ينصح *recommend*

yantahee ينتهي *end v*

yantaZar ينتظر *wait v*

yanzif ينزف *bleed*

yanzil ينزل *get off (a train/bus/subway)*

yanzil ينزل *descend, stay v*

ya'ood يعود *return v*

yaqbal يقبل *accept*

yaqees يقيس *fit v (clothing)*

yaqful يقفل *lock up*

yaqif يقف *stop*

yaqood يقود *drive v*

yaqTa' al-ittiSaal
يقطع الاتصال *disconnect*

yaquSS يقص *cut v (hair)*

yarquS يرقص *dance v*

yasaar يسار *left (direction)*

yaSaff يصف *park v (car)*

yasbaH يسبح swim v
yas-Hab يسحب withdraw, pull
yash'al يشعل light v (cigarette)
yash'al يشعل turn on (light)
yash-Han يشحن recharge v
yashmal يشمل include
yashoof يشوف look v
yashoof يشوف see
yashrab يشرب drink v
yashtaree يشتري buy v
yash'ur bi-duwaar
دوار يشعر dizzy
yash'ur bi-ghathayaan
بغثيان يشعر nauseous
yaSil يصل arrive
yasriq يسرق steal
yasta'jir يستأجر rent v [hire BE]
yastakhdim يستخدم use v
yastamata' يستمتع enjoy
yastaqbil يستقبل receive v
yata'khar يتأخر delay n
yatadhawwaq يتذوق taste v
yatakallam يتكلم speak
yatanaffas يتنفس breath
yataqaya' يتقيأ vomiting
yatasaaqaT ath-thalj
الثلج يتساقط snowy
yaTba' يطبع print v
yaTbukh يطبخ cook v
yaTfa' يطفئ turn off (light)
yaTlub يطلب charge v, order
yatruk يترك leave v (deposit)
yattaSil يتصل call (telephone)
yattaSil
يتصل contact v, connect, phone
yattaSil laaHiqan
لاحقاً يتصل call back

yazoor يزور visit v
yiDghuT يضغط dial v
yikbis يكبس press v (clothes)
yikhla' يخلع take off (shoes)
yimlaa ملأ fill out (form)
yimlaa ملأ fill up (tank)
yawm يوم day
yawqiZ يوقظ wake (person)
yu'Tee يعطي give
yu'aanee min al-Hasaaseeya
الحساسية من يعاني allergic
yu'aaniq يعانق hug v
yu'addil يعدل alter
yu'akid يؤكد confirm
yu'lim يؤلم hurt v
yu'aSar fee il-ghasaala
الغسالة في يعصر tumble dry
yubaddil يبدل change (money); exchange v; transfer
yuballigh 'an يبلغ عن report v
yughaadir يغادر leave (go away)
yughassal يغسل wash v
yughayir يغير change v
yuHibb يحب like, love v (someone)
yujad jileed يوجد جليد icy
yukallif يكلف cost v
yukassir يكسر break (tooth, bone)
yukhayyam يخيم camp v
yukhbir يخبر notify
yuktub يكتب write (down)
yunqush ينقش engrave
yuqaddim يقدم introduce
yuraafiq يرافق accompany
yuraqi' يرقع patch
yuree يري show v
yursil يرسل send
yusakhin يسخن warm v

yuSalliH يصلح *repair* v
yusheer يشير *point* v
yutarjim يترجم *translate*
yuT'im يطعم *feed* v (baby)
yuwaqi' يوقع *sign* v

Z

zaa'idat ad-doodeeya
زائدة دودية *appendix*
zaaweeya زاوية *corner*
zahra زهرة *flower*
zahree زهري *pink*
zameel زميل *colleague*

Zarf ظرف *envelope*
zayt زيت *oil*
zibda زبدة *butter*
Zifr ظفر *fingernail*
Zifr iSba' al-qadam
ظفر إصبع القدم *toenail*
zawj زوج *husband*
zawja زوجة *wife*
zawraq زورق *motorboat*
zubdeeya زبدية *bowl*
Zuhr ظهر *back* (of body)
zujaaj زجاج *glass* (material)
zujaaja زجاجة *bottle*